MONNIK GRÉGOIRE KRUG

NOTITIES VAN EEN IKONENSCHILDER

NOTITIES VAN EEN IKONENSCHILDER

Monnik Grégoire Krug

Oorspronkelijke titel:
Moine Grégoire G.I.Krug, Carnets d'un peintre d'icônes

Uit het Russisch vertaald door Jean-Claude en Valentine Marcadé
(Editions L'Age d'Homme, Lausanne)

Vertaald uit het Frans door Henk Roos

Afbeelding omslag: Moine Grégoire Krug,
Moeder Gods Oumilenie, 1960, 52x38 cm, (Lyon)

Alle afgebeelde ikonen zijn van de hand van Grégoire Krug.
(Geschilderd met tempera op paneel, tenzij anders vermeld).

Uitgevers Maxim Hodak & Max Mendor

Boekomslag design en layout door:
Max Mendor

© 2024, Uitgeverij Orthodox Logos, Nederland

www.orthodoxlogos.com

ISBN: 978-1-80484-150-1
ISBN: 978-1-80484-151-8

Niets uit deze uitgave mag worden verveelvoudigd en/of openbaar gemaakt door middel van druk, fotokopie, microfilm of op welke andere wijze ook zonder voorafgaande schriftelijke toestemming van de uitgever.

MONNIK GRÉGOIRE KRUG

NOTITIES VAN EEN IKONENSCHILDER

UITGEVERIJ ORTHODOX LOGOS

INHOUDSOPGAVE

Inleiding (Henk Roos) 8
Voorwoord I (Valentine Marcadé) 16
Voorwoord II (Catherine Aslanoff) 30
Inleiding (Grégoire Krug) 40

I Gewijde voorstellingen 44
II Het niet door mensenhanden geschilderde beeld van Christus . . . 56
III God de Vader. De Heilige Drie Eenheid 61
IV Over het afbeelden van God de Vader in de Orthodoxe kerk 65
V De dag van de Heilige Drie Eenheid. Pinksteren 93
VI De Geboorte van de Heilige Moeder Gods 106
VII De aankondiging aan de Moeder Gods 110
VIII De geboorte van Christus 115
IX De opdracht van Jezus in de tempel 122
X De doop van de Heer (Theofanie) 126
XI Transfiguratie 130
XII De intocht van de Heer in Jeruzalem 137
XIII De hemelvaart van de Heer 141
XIV Over de voorstelling van de opstanding van Christus 145
XV Heilige kruisverheffing 148

XVI De nederdaling ter helle 153

XVII 'En God rustte op de zevende dag' 156

XVIII De ikonen van de Moeder Gods 159

XIX Orante 162

XX Allerheiligen 165

XXI Sticheron van de Goede Herder 167

Aanhangsel 169

INLEIDING

HENK ROOS

De eerste keer dat ik in aanraking kwam met de naam Gregory Krug was in 1994. Ik was op excursie met een gymnasiumklas in Rome. Op de laatste dag kocht in *Libreria Coletti* aan de *Piazza San Giovanni in Laterano* het boek *Le Icone Mariane,* een soort catalogus met verschillende typen Moeder-Gods-ikonen. Tussen alle traditionele versies werd ik bijzonder getroffen door een afbeelding van de *Moeder Gods van Kazan*.

De toelichting vermeldde dat het hier ging om een *"opera del monaco Gregorio Krug, iconografo di origine russa."* Tussen alle traditionele en vaak wat stijve ikonen viel dit werk op door de losse en onbevangen manier van schilderen. Het kleurgebruik was zeer sober, bijna monochroom, maar toch had deze ikoon een levendige en frisse uitstraling die mij zeer aansprak. In het bijschrift werd nog vermeld dat de ikoon zich in Rome bevond, in het *Collegio Greco*.

In 1995 schafte ik mij een ander ikonenboek aan: *The Meaning of Icons* geschreven door Léonid Ouspensky. Deze Russische kunsthistoricus en ikonenschilder woonde en werkte tot zijn dood in 1987 in Parijs. Hij schreef zijn boek samen met de theoloog Vladimir Lossky, ook een Russische balling in Frankrijk.

In 1991 had ik een cursus bij Bernard Frinking gevolgd, die in Parijs nog bij Ouspensky had gestudeerd. Interessant om nu het standaardwerk van deze specialist in handen te hebben. In het hoofdstuk *The Saviour Acheiropoietos* ('mandylion'), geschreven door Lossky, stuitte ik op een bijzondere

Moeder Gods van Kazan,
1969, 30 x 39,5 cm, Collège Grec, Rome

afbeelding. Tussen alle oude voorbeelden van Christusikonen trof ik hier opeens een eigentijdse weergave van *The Holy Face*. Lossky schrijft: *"The icon is the work of a Russian iconographer, carried out in Paris about 1945. The modern technique, the artistic sense of a painter of our times, have here served to express what is not made with hands of man: the traditional aspect of Christ, such as the Church knows Him."* Tussen alle statisch geschilderde ikonen viel dit heilige gelaat op door de vrije schilderwijze. De naam van de maker stond er niet bij, maar voor mij was er geen twijfel mogelijk: deze ikoon verried onmiskenbaar het karakteristieke frisse schilderhandschrift van Gregory Krug.

In 1996 was ik weer met een groep gymnasiasten in Rome. Op een vrije middag in het overigens drukke programma maakte ik van de gelegenheid gebruik om een bezoek te brengen aan het *Collegio Greco*, gevestigd naast de kerk van *Sant'Atanasio* in de *Via del Babuino*. Ik werd hartelijk ontvangen door de rector van het *Collegio* en kreeg een persoonlijke rondleiding. Zo stond ik even later oog in oog met de Moeder Gods zoals die present was gesteld door Gregory Krug. Bovendien kreeg ik nog een andere Christusikoon te zien, Krugs versie van 'De Verlosser'. Beide panelen zo fris en spontaan geschilderd alsof het nog een schets betrof.

In de zomer van dat jaar vond ik bij toeval een interessant boekje: *Carnets d'un peintre d'icônes*, geschreven door *Moine Grégoire*, monnik Gregory Krug! Achterin dit 'mystieke dagboek' was een lijst opgenomen met kerken en kapellen waar zich werken van Krug zouden bevinden. Zo stond er bijvoorbeeld een adres in van een kerkje in Normandië: de Église *de la Mère de Dieu d'Iversk* in Hauteville-sur-Mer.

Een jaar later vertrok ik met vrouw en dochter voor een kampeervakantie naar Normandië. En het kon niet uitblijven: op een mooie dag bezochten wij Hauteville. In mijn dagboekaantekeningen lees ik het volgende: "We besluiten naar het schilderwerk van monnik Grégoire te gaan kijken en rijden dus richting Montmartin-sur-Mer. In het dorpje Hauteville vinden we zonder al te veel moeite de vakantiekolonie *La Brasserie*. Het is een oord waar vooral Russische/orthodoxe kinderen verblijven. Mevrouw Renard, een eenvoudige aardige vrouw van een jaar of vijftig, heeft er de leiding.

Le Sauveur,
1967, 30 x 39,8 cm, Collège Grec, Rome

Ze leidt ons met haar sleutel naar het piepkleine kerkje: Église *de la Mère de Dieu d'Iversk*. Een soort aangeklede schuur, om het oneerbiedig te zeggen. Hier kunnen net genoeg gelovigen in om de Heilige Geest uit te nodigen. De schuur is wel fraai aangekleed. Links in de hoek een twaalftal feestikonen, maar waar ik eigenlijk voor kom zie ik onmiddellijk aan mijn rechterhand.

Een eenvoudige maar complete ikonostase van de hand van monnik Gregorius Krug. Centraal de Koninklijke deuren, links de Moeder Gods en rechts de Pantocrator ten voeten uit. Boven de deuren een rij 'Communie', daarboven de 'Troïtsa'. Links- en rechtsboven de aartsengelen Michaël en Gabriël. Wel heel veel om in de weinige tijd van dit bliksembezoek te kunnen vatten. Mevrouw Renard laat mij echter op mijn gemak kijken en fotograferen. De *'Carnets'* van Krug kent ze niet. Graag zou ze van mij hoofdstuk 1 van het boekje gekopiëerd krijgen. *Avec Plaisir!* Ze wijst me op het bestaan van de *Ermitage du Saint Esprit* in Parijs. De kerk daar is niet alleen mooi door Krug 'gedecoreerd', hij ligt er ook begraven... Ze vertelt me nog dat deze ikonostase geschilderd is in de dertiger jaren, oorspronkelijk voor Taizé, maar in 1968 werden alle panelen overgebracht naar hier. Dit werk ziet er tegelijkertijd als nieuw en tijdloos uit."

Ermitage Saint Esprit

In de zomer van 2016 komt het er eindelijk van om een bezoek te gaan brengen aan de *Ermitage Saint Esprit* in het dorpje Mesnil-Saint-Denis, in de buurt van Versailles. Ik had een afspraak gemaakt met de plaatselijke VVV, want zonder bemiddeling is het niet mogelijk om het terrein van de *skite* te betreden. Deze *ermitage* is inderdaad een *skite*, een zeer klein klooster of monnikendorp, bewoond en in stand gehouden door één of enkele monniken. De naam *skite* is afgeleid van de woestijnstreek Skete in Egypte, waar reeds in de vierde eeuw monniken zich terugtrokken in op zichzelf staande kleine kloostergemeenschappen.

Tegen tien uur 's morgens staan we voor de poort van de skite. Eigenlijk zijn het drie poortjes, bekroond met drie uivormige koepeltjes. De deur is

Ikonostase,
1964-1965, Colonie de vacances, Hauteville, Manche

gesloten, *'pour ne pas déranger les moines orthodoxes'*. Dan arriveert de auto van Anja Figuere, die voor ons de deur zal ontsluiten. Anja is Nederlandse van geboorte, getrouwd met een medewerker van de VVV van Mesnil en lid van de plaatselijke culturele vereniging. Wij hebben het geluk dat zij speciaal ten behoeve van ons bezoek een introductie heeft voorbereid.

De Skite Saint Esprit werd aan het einde van de dertiger jaren gebouwd op initiatief van vader André Serguienko, en stond daarna lang onder leiding van archimandriet Serge Schevitch, die later zo'n belangrijke rol zou spelen in het leven van Gregory Krug. Destijds was het hier een stille afgelegen plek bij het dorpje Mesnil-Saint-Denis, een geaccidenteerd terrein in een beukenbos. Inmiddels is de nieuwbouw van het dorp opgerukt tot de ommuring van het klooster.

Wanneer we door de poort zijn binnengegaan toont Anja ons eerst de zogenaamde *'phiale'*. Op het eerste gezicht doet het kleine open gebouwtje ons denken aan een doopkapel. Op zeven pijlers rust een koepeltje, met daaronder een waterbekken. Volgens de tekst van een plaquette blijkt het te gaan om een uniek monument dat hier in 1988 is neergezet bij de viering van het millennium van de Russisch Orthodoxe Kerk: een kapel gewijd aan de Heilige Vladimir van Kiev, die zich in het jaar 988 als eerste Russische vorst liet dopen en daarmee het christendom in Rusland verwelkomde.

We klimmen de heuvel op en komen bij het kleine kerkje. Het uit onregelmatige natuurstenen opgetrokken gebouwtje is nog geen tien meter hoog. Een centrale 'ui'-koepel wordt vergezeld van vier kleinere. Aan de noordzijde bevindt zich de klokkenstoel, met zeven bronzen klokjes en drie kleine koepeltjes. Nu staan we in de kleine voorhal, de *narthex*. Boven de deur een wat vervaagd fresco met de *Troïtsa* (Heilige Drie-Eenheid), een thema dat nauw aansluit bij de benaming van dit kloostertje: *Saint Esprit*. Met enige moeite krijgt Anja het roestige slot van de kerk open, en zo komen we in de *naos*, het schip van de kerk, al zouden we hier beter kunnen spreken van scheepje, want deze ruimte is nauwelijks groter dan een kleine huiskamer, zo'n twintig vierkante meter. Het enige licht is hier afkomstig uit de 'lantaarn' van de centrale koepel. We kijken omhoog en zien de door Gregory Krug geschilderde *Pantocrator*: je kunt hier met recht zeggen: 'scheepje onder Jezus hoede'… Van tijd tot tijd verzamelen zich hier nog heel wat orthodoxe gelovigen uit de wijde omgeving om de eredienst bij te wonen die dan geleid wordt door de stokoude hegoumen vader Barsanuphe. Als enige bewoner van het klooster heeft hij zijn onderkomen in een sjofel huisje boven op de heuvel achter het kerkje. Als een ware kluizenaar leidt hij daar een teruggetrokken bestaan.

De kleine claustrofobische kerkruimte heeft geen ramen, maar wat een beeldenrijkdom! Overal zijn ikonen aangebracht, al zijn ze lang niet allemaal van de hand van Krug. Maar het is wel duidelijk dat hij in de jaren vijftig zijn stempel heeft gedrukt op het iconografische programma van dit kerkje. Zijn werk herken je meteen aan het karakteristieke schilderhandschrift en de donkere contourlijnen.

Ikonostase,
fresco, Skit du Saint Esprit, Le Mesnil-Saint-Denis

De vormgeving van de ikonostase is heel apart. Het is niet zoals gebruikelijk een vlakke houten ikonenwand. De bouwers hebben hier gekozen voor een stenen muur met een dragende functie. De wand is gemetseld van ruwe natuurstenen en is niet vlak, maar welft zich naar voren de kerkruimte in. Eigenlijk is er ook maar één doorlopende ikonenrij. Boven de drie doorgangen is de muur gladgestuukt en door Gregory Krug in fresco beschilderd met de Deësisrij. Op de Koninklijke Deuren zien we de panelen met de evangelisten, geflankeerd door de *Moeder Gods* en de *Pantocrator* in fresco. Boven de toegangsdeur van de kerk de *Moeder Gods van het Teken*. En dan, aan m'n linkerhand, de *Mandylion*-ikoon die ik hierboven in het begin van mijn verhaal al beschreef.

We mogen ook even kijken in de apsis. Op de achterwand van de altaarruimte heeft Krug het tafereel van Pinksteren weergegeven. In de zijruimten fresco's van de *Transfiguratie,* de *Anastasis* (Pasen), aartsengelen en heiligen (waaronder zijn geliefde Sint Geneviève, beschermheilige van Parijs).

Na de uitgebreide toelichting van Anja gaan we weer naar buiten, en zien we achter de kerk het graf van Gregory Krug. Hij rust hier in vrede sinds juni 1969, met speciale prefecturale permissie. Het is een eenvoudig graf, overwoekerd door mos, klimop en varens. Er staat een simpel houten orthodox kruis. Achteraan op het terrein van de skite staat tussen de beukenbomen en het hoog opgeschoten onkruid een bouwvallig schuurtje. Anja vertelt ons dat dit ooit de kluis was waar de monnik Gregory Krug woonde tussen 1948 en 1969.

VOORWOORD I
VALENTINE MARCADÉ
HOMMAGE AAN VADER GRÉGOIRE KRUG
(1908-1969)

Als gevolg van een lange en smartelijke ziekte is op 12 juni 1969 vader Grégoire Krug ontslapen, in het klooster Saint Esprit in Mesnil-Saint-Denis (Yvelines). Als schilder en monnik viel hij op door zijn veelzijdige begaafdheid, hij beschikte over talenten die hem dadelijk onderscheidden van zijn omgeving. Hij was ambitieus, had een complexe wereldbeschouwing en was actief op vele terreinen. Hij was buitengewoon intelligent, begiftigd met een grote verfijning en een grote geestelijke gevoeligheid. Wanneer je hem ontmoette werd je aandacht meteen getrokken door de ongebruikelijke serene blik in zijn ogen, die heel rustig de schepping in zich opnamen. De glimlach die zijn gezicht verlichtte, reflecteerde zijn diepe gedachten. De helderheid en de zuiverheid van zijn stem gaven aan zijn zang en aan zijn lezingen van liturgische teksten de volkomen schoonheid van het monastieke psalmgezang. Met de *'skoufia'* op zijn hoofd, en met zijn zwarte soutane leek hij precies op een Russische monnik die uit een oude ikoon was gestapt. Zo zullen wij hem ons herinneren. Maar vader Grégoire was pas laat monnik geworden en sprak zijn geloften pas uit toen hij 40 jaar was; zijn lot werd stellig geleid door de voorzienigheid, het lot dat hem leidde via het doornige pad van de pijnlijkste beproevingen door een duister dal naar het verlichte bestaan van de genade.

Kindertijd

Gregory Ivanovitch Krug werd geboren in Sint-Petersburg. Zijn vader was een protestantse industrieel afkomstig uit Zweden. Zijn moeder was Russisch en orthodox. De kleine Gregory en zijn oudere zusje Olia werden opgevoed met de Lutherse godsdienst van hun vader. Allebei leidden ze een zeer onafhankelijk leven, en gaven ze hun uitbundige verbeelding alle vrijheid. 's Avonds, wanneer zij in het Duits het Onze Vader reciteerden voordat ze naar bed gingen, bad de kleine Gregory op luide toon en uit volle borst de woorden van het gebed, die hij uit zijn hoofd had geleerd; volgens hem was God ver weg, oud en doof, en hij zou anders zijn gebed niet kunnen horen!

Gregory was een innemende jongen, vol vertrouwen en gehoorzaam, die zich gestreeld voelde wanneer volwassenen zich schertsend tot hem richtten, en hem allerlei bijnamen gaven. Hij vond het leuk wanneer zijn moeder hem 'kippenkop, uilenoog of paddennek' noemde; hij at braaf zijn bord soep en stopte dan met zijn grillen. Vanaf zijn zesde jaar veranderde zijn karakter plotseling: het modelkind veranderde in een wilde vechtersbaas. Uit deze periode dateert het eerste wonder dat hem ten goede kwam. Toen hij met zijn zus met een vlot speelde en zij op de rivier de Krestova afdreven naar de Neva, viel hij door een gat tussen de planken van het vlot in het water. Er stond daar een sterke stroming en er waren zeer gevaarlijke draaikolken die al aan meerdere mensen en dieren het leven hadden gekost. Olia schreeuwde wanhopig, en gelukkig kwamen enkele ervaren zwemmers van de plaatselijke zwemclub te hulp. Onder het vlot vonden zij het bewusteloze lichaam van de kleine Gregory die aan een spijker was blijven haken... Dat bleek een gelukkig toeval te zijn. En er was nog een tweede teken dat zijn lot bepaalde en hem de dood bespaarde. Op een dag waren de kinderen in Narva, Estland, aan het skiën onder leiding van een jonge Zwitserse ingenieur, een skikampioen. Bij een afgrond, die met trappen steil naar beneden liep, en die was bedekt met keistenen en karrensporen, vroeg het naïeve jongetje aan de skikampioen of hij die berghelling wel aan zou kunnen. Deze antwoordde hem dat elke waaghals die vanaf deze plek roekeloos naar beneden zou durven gaan, een wisse dood zou wachten. Toen Olia, die zich vooraan in de groep bevond, toevallig even omkeek, zag zij, verstijfd van schrik, dat haar dertienjarige broer als een vogel door de lucht vloog, terwijl hij met zijn armen zijn evenwicht trachtte te bewaren en verdween achter de rotspieken. Enkele ogenblikken later ontdekten de toeschouwers van deze scene de jongen, die met gebroken ski's op zijn rug was terechtgekomen. Hij had geen schrammetje. Later bedreigde de dood hem nog meerdere malen, nog afgezien van de reeks ongeneeslijke en dodelijke ziektes, die hem voor lange tijd hadden kunnen verlammen. Toch gebeurde eigenlijk het tegenovergestelde.

Studiejaren

In 1921 vestigde de familie Krug zich in Narva, Estland, waar de kinderen naar school gingen op het Russische lyceum van de stad. Tegelijkertijd wijdde Gregory Ivanovitch zich aan de aquareltechniek bij de schilder N.V. Semionov. Na zijn studie op het lyceum, ging hij in 1926 naar de School voor Kunst en Ambacht (Promichljenno-choedozjestwennaja schkola) in Tallin, waar hij lessen volgde in de werkplaats voor grafische kunst, die geleid werd door Reindorf. Hij maakte er een serie opmerkelijke gravures, die werden geëxposeerd bij de beste eindexamenwerkstukken van de school. Twee van zijn etsen werden aangekocht door het Nationaal Museum van Tallin. Het belangrijkste thema van de werken in deze periode was 'de stad'. Daarbij lag de nadruk op de moderne stad met sinistere muren, sombere huizen, verlaten straten, opgesloten als binnen een labyrint. Slechts één heldere lichtvlek suggereert het bestaan van een uitweg uit deze stad en doet vermoeden dat er nog een andere, lichtere wereld bestaat. Het is curieus te constateren dat in het oeuvre van meerdere Russische schilders uit de twintigste eeuw, die oorspronkelijk afkomstig waren uit de Baltische staten, dezelfde formele en esthetische elementen terug te vinden zijn; bijvoorbeeld bij M.R. Doboujinski, bij Marianne Veriovkina (Werefkin) of zelfs, in zekere mate, bij de symbolistische en mystieke Litouwse schilder Ciurlionis, waar men dezelfde soberheid aantreft, dezelfde betoverende geest en hetzelfde sentiment voor een atmosferisch licht, ingegeven door het typische zonlicht van die streek.

In 1928 ging Gregory Ivanovitch naar het atelier van professor Glinka, die les gaf op een privéschool in Tartu; hij wilde zich verder bekwamen in de olieverftechniek. Hier schilderde hij een serie doeken met voorstellingen van de bewoners van de streek, doeken die opvielen door het knappe tekenwerk en het nauwkeurige karakter van de proporties. Uit deze periode dateert zijn passie voor klassieke muziek. Terwijl hij in zijn kindertijd de pianolessen vervelend vond, verleende de piano hem nu juist de mogelijkheid zijn muzikale aanleg vrijelijk te laten ontluiken en een persoonlijke manier van spelen te ontwikkelen. Dankzij zijn pianostudie waaraan hij zich gedurende drie jaar acht uur per dag wijdde, kon hij met groot succes een Bachconcert geven, dat met lovende kritieken in de pers werd ontvangen. Maar dit muzikale succes was slechts van korte duur: hij raakte de piano nooit meer aan. Daarentegen kreeg de schilderkunst een steeds grotere plaats in zijn leven. Voor verdere studie vestigde Gregory Ivanovitch zich in 1931 in Parijs. In de Franse hoofdstad had de dochter van L.N. Tolstoi, Tatiana Lvovna, in 1929 de Russische schildersacademie opgericht, in de Rue Lules-Chaplain, dichtbij metrostation Vavin, in het oude atelier van een beroemde Amerikaanse schilder. De leiding was in handen van A.N. Benois, M.R. Doboujinski, Choukhaïev en M.A. Maklakova. Er werd les gegeven door B. Grigoriev, A.A. Ziloti, D.N. Milioti, en Tatjana L. Tolstaja zelf. Reeds na één jaar was de Russische Academie genoodzaakt de deuren te sluiten, wegens gebrek aan de noodzakelijke materialen. Maar de studenten besloten met eigen middelen de onderneming voort te zetten. Ze huurden ieder jaar een atelier, dat ze dan in de zomermaanden weer verlieten. D.N. Milioti was de enige die door ging met lesgeven. In het eerste jaar dat ze daar onafhankelijk aan het werk waren, in een atelier in de Rouet-steeg in het 14e arrondissement, verscheen daar de jonge Gregory Krug, die net was gearriveerd uit Estland. Hij nam meteen deel aan de onderneming van de jonge Russische kunstenaars (B. Biéloussov, Boudakova, Polozov, Mouraviova-Loguina en Ouspienski). Met één van hen, Léonide Alexandrovitch Ouspienski, sloot Krug vanaf het begin een hechte en duurzame vriendschap, en hij werkte en leefde samen met hem. In hun atelier kwam vaak de beroemde schilder 'van de kunstwereld' Constantin Somov, om er te schilderen naar model, en die de twee waardevolle adviezen gaf, en met wie ze vriendschap sloten. 's Zomers ontving Somov in zijn huis in Normandië drie of vier jonge schilders. Krug was er vaak te gast. Ze gingen dan buiten schilderen, *en plein air*, en genoten van de gastvrijheid en hadden profijt van de ervaring die Somov had opgedaan in het domein van de kunst. Onder de tekeningen van Krug die uit die tijd bewaard zijn gebleven zijn er heel wat die treffend de meester aan het werk in beeld brengen.

Naast zijn werk in het atelier, zijn buitentekeningen van het Normandische landschap, boeren aan het werk op het land of oude kerkjes, toont Krug een voorliefde voor het stadsgezicht, in het bijzonder voor de Parijse wijken met bouwvallige krotten en clochards. Over dit thema maakt hij enkele ingekleurde gravures van zeer klein formaat. Deze prenten laten een grote materiaalbeheersing zien en een onvergelijkelijk sterke expressie. De weinige aquarellen die nog overgebleven zijn van het grote illustratieproject van 'De Neus' van Gogol zijn nog verbazingwekkender. De tekeningen van Krug waarop hij krankzinnigen weergeeft overtreffen door hun opmerkzaamheid en psychologische diepgang al zijn andere werk uit die tijd. Dan zijn er nog twee zogenaamde 'gewijde' albums, één voor de trappistenabdij van Bonnecombe (waar in 1966 en 1967 een kleine gemeenschap Franse orthodoxe monniken verbleef) en de andere voor kerken in Rome, waar vader Krug in 1965 was uitgenodigd door katholieke monniken.

Het leven in de kerk

Wij keren nu terug naar het eind van de jaren twintig, toen er in Petchory een groot congres plaatsvond over 'christelijke actie' met Russische studenten, waarvoor de jonge Gregory Krug was uitgenodigd door een van zijn vrienden. Daar ontmoette hij vader Lev Lipiérovski, gedelegeerde uit

Parijs. Hij was onder de indruk van de gesprekken die hij er had met vader Lipiérovski, een oprecht en vurig gelovig mens. Grigory Ivanovitch werd door hem beïnvloed, en dat betekende voor hem het begin van een diep religieus bewustzijn, een overgang tot de Orthodoxie en een totale verandering in zijn spirituele leven. Terug in Parijs werd hij een van de meest toegewijde verdedigers van de Kerk van het Patriarchaat van Moskou. Trouw aan de orthodoxe traditie nam hij vaak deel aan de religieuze diensten en de communie. Begin jaren dertig waren er veel orthodoxen naar Frankrijk geëmigreerd. Krug werd meteen een actief lid van Confrérie Saint Photius, waarvan de belangrijkste doelstelling was het beschermen van de eenheid van de kerk 'op canonieke en dogmatische basis, en de triomf van de orthodoxie in het Westen'…. Trouwens, de liefde van Krug voor Rusland, voor zijn verleden en voor de orthodoxe kerk kende geen grenzen. Op dit gebied was hij zeer standvastig. Hij accepteerde geen enkele kritiek, geen bezwaren en niet de minste afkeuring. Op een welhaast ziekelijke manier beschouwde hij dat alles als een aantasting van het prestige van zijn vaderland.

Toen men in 1933 behoefte had aan een nieuwe ikonostase voor de kerk Trois Saints Docteurs in de Rue Pétel, vertrouwde de prior, vader Athanase dit werk toe aan Gregory Krug, die al in Estland was begonnen met het schilderen van ikonen. Om deze opdracht uit te voeren nam hij zijn vriend Léonide Ouspienski met zich mee, die hij al had geïntroduceerd in de Confrérie Saint Photius en die zich vroeger afzijdig had gehouden van de kerk. Ouspienski en Krug wijdden zich ijverig aan de studie van het ikonen schilderen. Gregory Krug begaf zich regelmatig naar zuster Jeanne Reitlinger in het Instituut Saint-Serge en naar een andere 'zograf' (ikonenschilder), Fiodorov, in Clichy, om onder hun begeleiding te werken. Hij installeerde zich in de Parijse buitenwijk Vanve, in de kerk van de Heilige Drie-eenheid. Hij vervulde er de functie van het voorlezen van de psalmen en nam deel aan elke liturgie. Hij wijdde al zijn vrije momenten aan het schilderen van de ikonen waarin hij de spiritualiteit van de oude ikonenmeesters probeerde op te roepen. Zonder af te wijken van de strenge canon van de orthodoxe ikonen, de vastgestelde regels, waarvan hij een aanhanger was, wist hij in zijn religieuze werk toch eigen schilderkunstige elementen te introduceren, zoals dat ook het geval was bij de beste schilders uit de gouden eeuw van de Russische ikonenschilderkunst. Een van de grootste verdiensten in zijn creaties bestond in de vernieuwing van de compositie, zelfs wanneer hij zich baseerde op een oorspronkelijk voorbeeld: de Heilige Drie-eenheid, Christus Achereipoietos, de Moeder Gods, het Laatste Avondmaal en de serie van de twaalf feestikonen voor de eerste rij van de ikonostase boven de Koninklijke deuren. Het waren steeds weer nieuwe ikonen die onder zijn penseel ontstonden, vervuld van een diepe religieuze geest en met de tintelende frisheid van een nieuwe creatie, en zeker niet slaafs en nauwkeurig van voorbeelden gekopieerd. Voordat hij zich aan het schilderen zette las hij veel, bekeek aandachtig de voorstelling op zoveel mogelijk ikonen en trachtte hij zich zoveel mogelijk open te stellen voor de creatieve inspiratie. Pas na al deze voorbereidingen zette hij snel de contouren van de heiligen op, en gaf hij vorm aan het idee dat hij in zich droeg. Daarna wijdde hij veel tijd en zorg aan de afwerking, er steeds weer op terugkomend, en nog vond hij het nooit goed genoeg.

In de lente van 1948 legde hij de kloostergelofte af en nam hij de naam aan van de heilige monnik Grégoire, in de twaalfde eeuw zograf ('ikonenschrijver') van het Holenklooster van Kiev. Vader Grégoire woonde twintig jaar in het klooster, onder de waakzame bescherming van zijn spirituele vader, de archimandriet Serge (Schwewitch), die zijn zorgen op zich nam en hem met liefde alle moeilijkheden bespaarde. Hun aandoenlijke relatie doet ons denken aan de kronieken van Leskov, in het bijzonder aan het hoofdstuk "Kerkmensen". Toen aan vader Serge werd gevraagd of hij er in geïnteresseerd was om de uit Rusland meegebrachte foto's van kerken en kloosters te bekijken, vroeg hij onmiddellijk om ze ook aan vader Grégoire te laten zien, omdat hij wist hoeveel vreugde hem dat zou brengen. Grégoire reageerde precies hetzelfde: toen hij de foto's te zien kreeg was zijn dank groot, en voegde er meteen aan toe dat vader Serge verrukt zou zijn om de in Rusland gemaakte foto's te bestuderen. Ze dachten dus meer aan elkaar dan aan zichzelf. Dus toen er een keer een incident was met een derde persoon, vond vader Serge het een vervelend idee dat vader Grégoire daar last van zou hebben; maar andersom vond vader Grégoire het heel naar dat door hem vader Serge te lijden had door dit incident...

Vader Grégoire was een wonderlijke monnik, fijngevoelig, vriendelijk en buitengewoon inschikkelijk waar het zwakheden van anderen betrof. Hij was in het geheel niet streng, hield van gezelligheid, hij was open, hij ging zeker niet de omgang met mensen uit de weg, maar ontving juist met veel plezier iedereen die bij hem op bezoek kwam. Hij verbaasde zijn gesprekspartners met de breedte van zijn kennis, of dat nu was op het gebied van de theologie of van de kunst, de Russische literatuur of zelfs de politiek. Hij was in vele onderwerpen geïnteresseerd en nam graag deel aan discussies. Hij hield van het leven, de natuur, mens en dier, de hele schepping Gods. Maar de stoffelijke wereld was voor hem niet belangrijk. Hij had geen boodschap aan praktische problemen en trok zich niets aan van wereldse zaken en alledaagse beslommeringen. In hem manifesteerde zich een authentiek en organisch ascetisme en niet slechts een louter uiterlijke monastieke gehoorzaamheid. Één van de eigenschappen die vader Grégoire duidelijk onderscheidden was zijn levende getuigenis van een traditie die teruggaat tot de eerste eeuwen van het christendom. Het is niet toevallig dat de schrijver Arnaud Desjardin, die zich langdurig en diepgaand had beziggehouden met de spiritualiteit van het hindoeïsme, buitengewoon verrast was dat hij in het Westen iemand vond die op een dergelijke meesterlijke wijze de wetten beheerste waaraan de materie is onderworpen. De ontmoeting tussen deze schrijver en vader Grégoire vond plaats op de dag waarop de laatste het slachtoffer werd van een attaque met als gevolg dat hij gedeeltelijk werd verlamd. Ondanks die beroerte ontving hij zijn bezoeker glimlachend, als het ware in een toestand aan gene zijde van het fysieke lijden. De schrijver had een dergelijke spiritualiteit alleen gezien bij Tibetaanse geestelijken.

Voor een mysticus als vader Grégoire verloren de alledaagse zaken hun betekenis. Soms vergat hij zelfs te eten, maar het kon ook gebeuren dat hij werktuiglijk alles wat hem werd voorgeschoteld naar binnen werkte. In plaats van met een servet veegde hij dan zijn vingers af met zijn haren. Soms stopte hij verftubes zonder dop in zijn zak en hij nam dan al zijn medicijnen van de dag in één keer in, zodat hij daar niet meer aan hoefde te denken. Daarbij verloor hij nooit zijn gevoel voor humor en kruidde hij zijn betoog met een goede grap, altijd ad rem en spiritueel. Op een dag in een vriendelijk en ontspannen gesprek permitteerde ik me een toespeling op de gigantisch dikke buik van een geestelijke die zojuist uit Rusland was gekomen, een buik die mij niet gepast leek bij de monastieke staat. Op dezelfde toon antwoordde vader Grégoire mij guitig: "Het gaat niet om die buik. Het ziet er juist wel gemoedelijk uit. Let maar eens op hoe venijnig de magerste monniken hier soms kunnen zijn…"

Wat betreft de humor had hij meestal het laatste woord. Toen we hem eens een oude ikoon ten geschenke gaven die we voor hem uit Rusland hadden meegebracht, en waarop allerlei heiligen stonden afgebeeld waarvan we de namen niet konden ontcijferen, wierp vader Grégoire een blik op het heilige beeld, glimlachte, keek me recht in de ogen en liet zich plagerig ontvallen: "Dat zijn de heiligen Gouri, Samon en Aviv, die worden aangeroepen door vrouwen die graag hun echtgenoot tot stof zouden zien vergaan."

Ik kan niet nalaten hier de woorden aan te halen aangaande een persoon met joodse wortels, die orthodox was geworden, maar die er nog steeds prat op ging af te stammen van het huis van David:

"Deze Jood lijkt er trots op te zijn dat hij is overgegaan tot het orthodoxe geloof, maar op zaterdag leest hij het Oude Testament alsof het zijn familiekroniek betrof…"

Het verbaast niet dat hij, toen hij de schilderes Nathalie Gontcharova hielp bij de uitvoering van haar decorstukken, het juist heel goed kon vinden met Larionov, een vrolijke kerel. Bij hem voelde hij zich jeugdig. Vader Grégoire waardeerde hem zeer als mens en als schilder. Daarbij kwam dat hij als ware kenner de schilderkunst waardeerde, begreep en appricieerde. In zijn monnikscel waren naast de vele boeken over ikonenschilderkunst monografieën te vinden van de beste Westerse meesters en ook van negentiende-eeuwse Russische schilders. Toen wij in 1967 de zomer doorbrachten in het klooster van Bonnecombe nodigden wij vader Grégoire uit om met ons in Castres het Goya-museum te bezoeken, in Albi het Toulouse-Lautrec-museum en de romaanse kerkjes in de omgeving te bewonderen. Je had het plezier moeten zien waarmee hij de werken beschouwde en hoe hij ieder schilderij op inhoud en vorm analyseerde.

Meer dan eens wendde ik mij tot hem met vragen over kunst. Hij was altijd bereid mij nauwkeurig de gevraagde inlichtingen te verschaffen, alles uit te leggen en dateringen te geven. Het is waar dat onze smaak op esthetisch gebied nogal verschilde. Vader Grégoire was een overtuigde aanhanger van het realisme. Hij verdedigde Ilja Repin omwille van de kwaliteit van zijn tekening en de rijkdom van zijn palet. Hij kon geen waardering opbrengen voor het werk van Picasso en Chagall en hij voelde daarin de ontbindende aanwezigheid van duistere krachten. Hij was ook geschokt door de zogenaamde abstracte ikonen van A. Jawlenski, die hij niet beschouwde als informele kunst, maar als wanstaltig, vormloos, juist omdat de vorm en het beeld van de geïncarneerde Christus erin ontbrak. Maar vader Grégoire permitteerde zich nooit kritiek op het werk van zijn medebroeders zografen. Integendeel, hij wilde in ieder geval niemand kwetsen. Dus toen men zich op een dag tot hem wendde om commentaar te geven op enkele buitengewoon slecht geschilderde ikonen, was hij zo fijngevoelig dat hij ze begon op te hemelen!

Vanaf 1950 verbleef vader Grégoire steeds vaker in de hermitage (skite) Saint-Esprit bij Mesnil-Saint-Denis waar hij begon met het schilderen van de fresco's in de kerk. Alleen om assistentie te verlenen bij erediensten keerde hij terug naar Parijs. In de rust van het gebed, geheel opgaand in zijn religieuze schilderkunst, bereikte hij een volkomen spirituele harmonie in de boezem van de orthodoxe kerk. In deze hermitage die baadt in een bijzonder gelukkige natuur, ontving hij ondertussen allen die op zoek waren naar spiritualiteit, mensen die in contact wilden komen met een levende getuigenis van christelijk leven. Maar het waren niet alleen mensen die hem daar kwamen opzoeken, zelfs dieren zochten bij hem hun toevlucht. Een muis maakte zelfs zijn hoofdkussen tot zijn woning en een klein ziek muisje warmde zich in zijn bed, waar hij tenslotte stierf bij zijn menselijke vriend.

'Treur niet om mij, Moeder',
fresco, Skit du Saint Esprit, Le Mesnil-Saint-Denis

In de loop der jaren werd vader Grégoire door allerlei ziektes getroffen: artritis in zijn benen, hoge bloeddruk, suikerziekte, longontsteking, darmstoornissen… Hij verborg zijn kwalen omdat hij bang was dat hij naar het ziekenhuis zou worden gestuurd, om daar allerlei onderzoeken en vervelende behandelingen te ondergaan. Hij protesteerde hevig tegen het vleesdieet dat hij moest volgen:

"U vergeet dat ik monnik ben en u wilt een Blauwbaard van mij maken!"

Het rekken van het leven met behulp van al die behandelingen was in tegenspraak met de monastieke staat, gebaseerd op onderwerping aan de wil van God, zonder welke nog geen haar van je hoofd zou kunnen vallen. Aan de andere kant schreef hij de genezing van verscheidene van zijn ziektes toe aan de bescherming van de Heilige Geneviève, een genezing die plaatsvond nadat hij nadat hij was gestopt met zijn medicijnen en zijn behandeling. Hij had trouwens dikwijls de patroonheilige van Parijs weergegeven in zijn fresco's en hij legde al zijn vertrouwen in haar voorspraak. De openbaring die Sainte Geneviève hem bracht gaf hem de kracht zijn lijden te doorstaan en zich berustend voor te bereiden op zijn dood. Tegen het einde van het jaar 1968 werd zijn toestand zo slecht dat hij het klooster niet meer kon verlaten. In de laatste vijftig dagen van zijn leven kon hij bijna geen voedsel meer verdragen. Wij zagen hem twee weken voor zijn dood. We brachten hem nieuws uit Rusland, in het bijzonder over zijn ikoon van de Heilige Spiridon van Trimiphon die hij speciaal had gemaakt voor de kerk van de Heilige Drie-eenheid in de Leninheuvels [nu Mussenheuvels] in Moskou en die voor een grote menigte van gelovigen een object van verering was geworden. We vertelden hem dat we genoodzaakt waren zijn werk te beschermen door er zware kandelaars voor te plaatsen om te voorkomen dat de gelovigen door al hun hartstochtelijke kussen de ikoon zouden beschadigen. Tot op de dag van vandaag gaat men door met het lezen van acatistische hymnen voor de ikoon van de Heilige Spiridon en na de liturgie bidt men voor vader Grégoire. Hij was zo ontroerd door ons relaas dat hij mij en mijn man bij het afscheid drie maal omhelsde.

Vlak voor zijn dood deed zich een onverwachte verbetering in zijn toestand voor. Op 11 juni 1969, de dag voor zijn dood, kon hij nog de liturgie volgen, zingen en de heilige teksten lezen en nam hij deel aan de communie. In de loop van de dag legde hij nog de laatste hand aan enkele ikonen waar hij mee bezig was, waarvan er één, 'Christus en de ongelovige Thomas', bestemd was voor zijn dokter, een orthodoxe Griek. De komst van deze beroemde cardioloog naar de hermitage was het gevolg van een gelukkig toeval: op een avond stond vader Serge op de bus te wachten, toen er een auto stopte bij de bushalte en de vriendelijke bestuurder deed hem het aanbod om hem thuis te brengen. Toen deze dokter hoorde van de ziekte van vader Grégoire kwam hij naar het klooster om hem te onderzoeken en bracht hem medicijnen. Vader Grégoire was dermate geroerd door deze toewijding, dat hij om de dokter niet te kwetsen dankbaar alle flesjes met medicijnen in ontvangst nam, waarna hij ze ter zijde schoof zonder ze zelfs maar te openen.

Vader Grégoire stelde zijn schilderstalent in dienst van de orthodoxe kerk. Zijn werk getuigt van een grote diepgang en onderscheidt zich door een persoonlijk kleurenpalet, een perfecte beheersing van de techniek, sobere eenvoud en door de serene majestueuze gezichten.

Hij hield ervan om grote composities te schilderen: fresco's, ikonostases, Koninklijke deuren. Dankzij zijn niet aflatende arbeid en zijn inspanningen sieren zijn fresco's de muren van de kerk Trois-Saints-Docteurs in de Rue Pétel in Parijs en die van de orthodoxe kerk van Moisenay. Zijn ikonostases zijn te vinden in de kerk Sainte-Trinité in Vanves, waar hij enkele jaren gewoond heeft, in de huiskapel van N. Berdiaev in Clamart, in het huis van de kinderen van Mme S.M. Zernov in Mongeron, in de vakantiekolonie van Hauteville in Bretagne en in de orthodoxe kerk in Den Haag. De beste ikonostase die hij maakte is ongetwijfeld die voor het rusthuis van Noisy-le-Grand. De bekroning van zijn oeuvre is de kerk van het Saint-Esprit-klooster in Mesnil-Saint-Denis waar vader Grégoire praktisch het gehele interieur beschilderde. Wat je vooral treft in dit onvergelijkbare monumentale totaalbeeld is de spirituele eenheid die vader Grégoire hier heeft bereikt. Je voelt hier de adem van de authentieke creatie die je aanzet tot een stil gebed.

Ondanks vele belemmeringen, ondanks het principiële verbod om iemand te begraven buiten het terrein van de begraafplaats, maar dankzij de inspanningen van zijn vrienden die hem bij zijn leven hadden bewonderd, werd het mogelijk toestemming te verkrijgen om het lichaam van vader Grégoire ter aarde te bestellen achter de apsis van de kerk. Dat deze tombe een plaats van gebed moge zijn voor allen die behoefte hebben aan bemiddeling van een rechtvaardige voor God.

VOORWOORD II
CATHERINE ASLANOFF.
VADER GRÉGOIRE (KRUG)

HERE, ik heb lief de stede van uw huis,
de woonplaats van uw heerlijkheid.
Ps. 26:8

Eén ding heb ik van den HERE gevraagd,
dit zoek ik:
te verblijven in het huis des HEREN
al de dagen van mijn leven,...
Van uwentwege zegt mijn hart:
Zoekt mijn aangezicht.
Ik zoek uw aangezicht HERE.
Verberg uw aangezicht niet voor mij,...
Ps. 27: 4 en 8,9.

Kunsthistorische handboeken definiëren de ikoon vaak als een academische kunstvorm, dogmatisch en traditioneel, waarbij de kunstenaar totaal is beroofd van zijn scheppingsdrang en van zijn vrijheid om zelf iets te ontwerpen. De ikoon zou een gouden eeuw hebben gekend – in Griekenland in de byzantijnse periode, op de Balkan met de middeleeuwse fresco's, en in Rusland in de 15ᵉ eeuw – en alles wat daarop volgde zou een nodeloze herhaling zijn geweest.

Maar in de 20ᵉ eeuw leefde in Parijs, en later in een klooster in de buurt van Versailles, die bijzondere monnik. Hij heeft ons ikonen en fresco's nagelaten, Theophanes de Griek en Roebljov waardig. Vader Grégoire Krug stierf op 12 juni 1969, maar zijn oeuvre getuigt van de levenskracht en van de spirituele waardigheid van de ikoon. Wanneer we kijken naar de moderne gewijde kunst, niet alleen in het orthodoxe milieu, maar ook in het katholieke en zelfs in het protestantse milieu (vergelijk Taizé), zien we dat de ikoon zijn plaats in het gebed heeft teruggevonden.

Vader Grégoire heeft zijn hele leven gewijd aan het schilderen van ikonen, hij heeft al zijn talenten aan de gewijde kunst gegeven. Vanaf zijn jeugd bestudeerde hij de schilderkunst op verschillende academies, in Tallin, in Tartu, in Estland (enkele van zijn prenten worden geëxposeerd in het Nationaal Museum), en tenslotte in Parijs. In 1931 arriveerde hij in Parijs, 23 jaar oud. Hij werkte er onder leiding van Miliotti en Somov, studeerde aan de Parijse academies, en kwam vaak in het atelier van Nathalie Gontcharova. Hij maakte kennis met de moderne profane kunst en de gepassioneerde zoektocht van Larionov en Gontcharova naar de abstractie. Maar tegelijkertijd ontdekte hij de ikoon en hij bestudeerde er de techniek van, onderwezen door Reitlinger en Fedorov. Hij zou kiezen voor de ikonenkunst, in plaats van zich te storten in het avontuur van de moderne kunst, maar dat was niet omdat hij bang was voor het risico of uit angst voor het onbekende. Nee, het was omdat de ikoon beter paste bij zijn ascese als monnik, zijn gebed en zijn contemplatie, en het was geen vlucht uit de wereld, maar het was eerder het grootste risico waar een mens voor kan kiezen: God representeren in al zijn glorie!

Zo heb ik U in het heiligdom aanschouwd,
ziende uw sterkte en uw heerlijkheid.
Ps. 63:3

***

Vader Grégoire had een schilderstalent dat men kan kwalificeren als geniaal, iedereen die zijn werk kent getuigt daarvan. Maar we moeten ook niet vergeten dat God hem had begiftigd met een buitengewone intelligentie. Voor zover vader Grégoire niet een getrouwe fantasieloze kopiist was, maar des te meer een scheppend kunstenaar, is dat te verklaren uit het feit dat hij schilderde met heel zijn scherpzinnige intelligentie en met zijn vele eisen als theoloog. Voor een schilder als Gauguin ontstond de kunst niet alleen in het oog, maar juist in het mysterieuze centrum van de gedachten. Bij Krug is het denken heel puur, "als zilver in de oven gelouterd, tot zevenmaal toe", zoals het wordt uitgedrukt in het woord van God (Ps. 12:7). In feite worden de ikonen in de orthodoxe traditie op dezelfde wijze geëerd als de Heilige Schrift, door lijn en kleur drukken zij dezelfde Waarheid uit, zij brengen dezelfde boodschap over aan de mensen, via de ogen bereiken zij het verstand. En net zo als bij de Heilige Schrift kunnen de ogen pas goed zien, en kan het verstand pas begrijpen in het Licht van de Heilige Geest. Vader Grégoire heeft zijn ikonen geschilderd in de traditie van de Kerk, zoals de theoloog Lossky het uitdrukte: "Wanneer de traditie de gave is om te oordelen in het licht van de Heilige Geest, verplicht het degenen die de waarheid in de traditie willen weten tot voortdurende inspanning: men blijft niet in de traditie door een zekere historische inertie, door vast te houden aan alles wat door de macht van de gewoonte prat gaat op een zekere devote sensibiliteit". [V. Lossky, o.a. in *The Meaning of Icons*] Dat is precies hetgeen de kracht en de buitengewone levendigheid verklaart van het werk van Krug. Hij ontsnapt totaal aan de 'devote sensibiliteit', die maar al te vaak een valkuil is in het domein van de gewijde kunst. Bij hem is het altijd een zoeken naar de Waarheid. Neem bijvoorbeeld zijn vele voorstellingen van de Heilige Maagd, voor wie hij een grote verering had: hij kopieerde nooit zo maar voorbeelden uit het verleden, ook herhaalde hij zichzelf nooit. Nee, elke ikoon is nieuw, iedere keer is het een nieuwe visie, een nieuwe ontdekking, een nieuwe openbaring van het mysterie van Maria. Welk klassieke type de iconograaf ook kiest: Hodogitria, de Maagd van het Teken of de Moeder Gods van de Tederheid: de manier waarop hij de personages inkadert, het ritme van de draperieën, de verhoudingen van de lijnen, de kleurakkoorden en vooral de expressie van de gezichten en het licht dat er uit schijnt, alles is altijd anders, altijd opvallend en onverwacht. Elke ikoon lijkt een nieuwe hymne voor de Heilige Maagd, vergelijkbaar met de mooiste hymnen in de byzantijnse liturgie.

Over U, die vol van genade zijt, verheugt zich de schepping, de schare der engelen, en heel het menselijk geslacht. O Gewijde tempel, o geestelijke lusthof, o maagdelijke heerlijkheid waarin Hij die van alle eeuwigheid onze God is, een lichaam heeft aangenomen en een klein kindje geworden is. Uw schoot werd zijn troon en Hij heeft hem verheven boven alle hemelen. Over U, die vol van genade zijt, verheugt zich heel het hemelse hof. Glorie zij U!

Vader Grégoire was een authentieke theoloog. Zijn denken verbaasde steeds zijn gesprekspartners door de scherpzinnigheid en de durf, voor zijn uitgesproken gevoel voor paradox, en zijn fijne humor. Volgens zijn grote vriend Vladimir Lossky ondervond hij altijd begrip bij hem, en begreep zelfs niemand hem zo goed als Krug. Zij ontmoetten elkaar vaak en Lossky legde hem zijn plannen voor, en maakte hem deelgenoot van zijn theologische onderzoek en deelde met hem zijn totale overgave aan de waarheid.

Waar de theoloog gewoonlijk gebruik maakt van het woord om zijn gedachten uit te drukken, drukt de iconograaf (de schrijver van ikonen) hetzelfde denkbeeld uit via de schilderkunst. "De oosterse traditie heeft nooit een duidelijk onderscheid gemaakt tussen mystiek en theologie, tussen de persoonlijke ervaring van het goddelijke mysterie en het door de kerk bekrachtigde dogma" (Lossky: Théologie mystique de l'Eglise d'Orient). Dus een echte theoloog kent de mystieke ervaring. Je hoeft maar naar een ikoon van vader Grégoire te kijken om te begrijpen dat zijn theologie naar het hoogste streeft. In feite worden zijn gedachten en de dogma's van de Kerk, zoals die in zijn werk tot uitdrukking komen, bezield door de mystieke theologie die een godsbeeld openbaart, een contemplatie in aanbidding.

Het zou interessant zijn het hele oeuvre van vader Grégoire te analyseren met het oog op zijn theologische denken. In zijn boek *Der Sinn der Ikonen* (= *The Meaning of Icons*) toont Léonide Ouspensky ons de diepere zin en de dogmatische betekenis van de ikonen. Hij onderzoekt bijvoorbeeld de *Heilige Drie-eenheid* en toont dan aan dat André Roebljov ons door lijn en kleur, en door een perfecte harmonische compositie, introduceert in het grootste goddelijke mysterie: één God in drie Personen. Bij vader Grégoire is bijna in elke ikoon zo'n beeldtaal te vinden. Door één van zijn fresco's werd ik bijzonder getroffen: de *Pinksterikoon* in de apsis van de *Skite*, de hermitage Saint-Esprit, waar vader Grégoire de laatste jaren van zijn leven doorbracht, waar hij stierf en waar hij op wonderbaarlijke wijze achter de kerk zijn laatste rustplaats vond, ondanks de strenge wetten die het verboden om iemand buiten de officiële begraafplaatsen ter aarde te bestellen. Het fresco van *Pinksteren* stelt de twaalf apostelen voor, die op hun hoofd 'tongen als van vuur' ontvangen, de Heilige Geest. Centraal in dit beeld staat de Maagd Maria, een monumentale figuur, de armen uitgespreid in een houding die zowel aanbidding als bescherming uitdrukt. Toen de Twaalf de vuurdoop ontvingen die was voorzegd door Johannes de Doper en was beloofd door Christus, werd het fundament gelegd voor de Kerk, door de kracht en macht van de Heilige Geest. Men zegt wel dat de Kerk is gebouwd op twaalf zuilen, de twaalf apostelen. In het fresco van de *Skite* zijn de apostelen opgesteld in twee rijen zoals de twee zijschepen van een kerk, terwijl de Maagd als het koorgedeelte van de kerk het kerkgebouw bekroond: zo is zij tegelijkertijd de representatie van de Kerk, de Bruid en de Moeder Gods.

Deze verbazingwekkende scene baadt door zijn compositie in een uitzonderlijk immaterieel licht. We weten niet meer of het licht afkomstig is van boven, of dat het straalt vanuit de vurige tongen in de top van de compositie, of dat de heilige apostelen en de Maagd zélf licht geven. De krachtige flonkering in dit fresco blijft ondefinieerbaar. Dit is hetzelfde licht dat van Christus uitgaat in de Transfiguratie, het licht dat Petrus, Jacobus en Johannes ter aarde doet storten, en hier wordt weergegeven dat álle apostelen dat licht mogen ontvangen, het licht dat hen doordringt en transparant maakt. Vader Grégoire celebreert dit licht in zijn schilderingen zoals Simeon de Nieuwe Theoloog dat deed in zijn homilieën: "Dit eindeloze licht verlicht ons voortdurend, zonder te veranderen, het wordt nooit verduisterd; het spreekt, het werkt, het leeft en het wekt tot leven, het transformeert hen die het licht ontvangen zelf tot licht....".

Vaak wordt gezegd dat ikonenschilders slaafs gehoorzamen aan de canon die hen is opgelegd door de Kerk. Daardoor, zegt men, is er geen vrijheid in de ikonen. Maar de canon is geen star systeem van regels, er bestaat geen kant en klaar recept voor het maken van een ikoon. Een religieus schilderij wordt nog geen ikoon louter door te voldoen aan een voorgeschreven canon. In een ikoon verschijnt ons dankzij begenadigde mensen een beeld van God. Het is een getransfigureerde wereld in beelden gerepresenteerd: ziedaar het enige ware criterium van de ikoon.

Het gaat er dus niet om dat je bij het schilderen alleen maar de canon toepast, maar temeer gaat het erom dat je als het ware een 'canoniek geweten' verwerft. Dat canonieke geweten stelt christenen van alle tijden in staat om in hun eigen historische tijdperk zó te werken, te bouwen, te schrijven of te schilderen dat ze de dogma's van het geloof in deze wereld steeds weer tot leven wekken. Dan zijn de dogma's geen dode letter meer, niet langer voor allen en altijd vaststaande gegeven feiten. Het zijn vensters geopend naar de Waarheid, die zich nog verder kunnen openen, opdat de mens God nog beter leert kennen.

Deze les over de dogmatiek, dit wereldbeeld getransfigureerd in Gods Licht, in de Waarheid, wordt ons royaal gegeven in de ikonen van Krug. Spontaan komt een gebed op bij degene die een heilige beschouwt, of een feestdagikoon, of een scene uit het evangelie, en vooral het gelaat van Christus en de Maagd, zoals die zijn weergegeven door vader Grégoire, want hij wist hoe hij ze moest schilderen – een geschenk voor ons - het is zijn buitengewoon mystieke Godsbeeld.

Het canoniek geweten speelde een grote rol in het leven van vader Grégoire. Toen hij nog jong was kwam hij in Parijs bij de *Confrérie de Saint*

Photius, een broederschap die een hele generatie jonge Russische emigranten heeft gevormd, die ze leerde om op zoek te gaan naar het wezenlijke in het christendom, het te zuiveren van folkloristische vormen, het te bevrijden van een traditie van verstarde gewoontes, om de ware Traditie van de Kerk terug te kunnen vinden, de traditie van de heiligen, de apostelen, de verdedigers van het geloof. Deze confraters verdedigden de pure orthodoxie op dezelfde wijze en met dezelfde geestdrift als de ridders die ooit deelnamen aan de kruistochten om het Heilige Graf te verdedigen. Al gauw ontdekten ze dat om aan te sluiten bij het traditionele erfgoed van de apostelen, de enig juiste houding een scherp bewustzijn van de canon is, niet door blinde gestrengheid, maar om een groter onderscheidingsvermogen en een helder inzicht te verkrijgen.

Dat was ook de reden dat de *Broederschap van de heilige Photius* in 1931 eendrachtig weigerde de Russische kerk de rug toe te keren, en dus niet vanwege politieke argumenten, hoewel het vrijwel niet mogelijk was om in deze periode contact te hebben met het Patriarchaat.

De gehechtheid van vader Grégoire aan de Russische kerk en zijn liefde voor Rusland waren bijna legendarisch. Hij was helemaal Russisch gebleven. Terwijl andere emigranten zich aanpasten, was hij zowel in zijn taal als in zijn stijl en zijn uiterlijk een Rus gebleven. Eigenlijk ging zijn persoonlijkheid geheel voorbij aan iedere historische en geografische categorie. Zijn originaliteit was dermate aantrekkelijk dat hij altijd een beetje apart bleef, onaangedaan door invloeden van buitenaf. Hij was niet op zoek naar westerse invloed in zijn schilderkunst of in zijn denken, zoals bepaalde broeders van Sint Photius wel open stonden voor westerse invloed in de liturgie, de theologie en zelfs voor de ikoon, en zo ontdekten ze de kunst van de Franse kathedralen. Toch negeerde Grégoire de westerse cultuur niet, want zijn grote intelligentie stond hem niet toe zich te beperken in zijn interesses. Tot aan het einde van zijn leven en in alle gespreksonderwerpen toonde hij steeds zijn grote kennis van zaken: kunstgeschiedenis, muziek, architectuur, moderne kunst, geschiedenis en filosofie. En in alle discussies had hij met zijn scherpzinnige humor het laatste woord.

Sainte Geneviève,
40 x 36 cm, Noisy-le-Grand

Vader Grégoire was dan wel vóór alles een Rus, zijn betrokkenheid bij Frankrijk en zijn geschiedenis was ook heel diep en oprecht. Hij wist als het ware te leven buiten de tijd, of liever gezegd in een soort tijdloosheid. De cultus van de heiligen was voor hem niet slechts een ijdel woord: wanneer je hem hoorde praten over de Heilige Geneviève twijfelde je er niet aan dat hij haar echt kende. Zij speelde een zeer mysterieuze rol in zijn leven: daarom heeft hij haar te pas en te onpas weergegeven. In een Russische kerk in de buurt van Parijs is zij opgenomen in een ikonostase, hoewel niemand daar om had gevraagd. Hij schilderde haar in een ikoon met alle Russische heiligen, tot grote verbazing van de opdrachtgevers. Hij vond het mooi om het idee op te roepen van een gesprek tussen de heilige Geneviève en Simon de pilaarheilige: in de Skite maakte hij er het onderwerp van een fresco van, en zo bracht hij de heilige van de Galliërs nader tot de oosterse mystiek.

Om een conclusie te trekken aangaande het boeiende onderwerp 'vader Grégoire', schilder, ikonograaf, theoloog en mysticus, een onderwerp waar in de toekomst nog menige studie aan zal worden gewijd, zou ik het beeld willen oproepen van de monnik die hij was. Zijn hele leven heeft hij in de kerk gezongen, hij kende perfect het heilig officie en zij die samen met hem hebben gebeden vergeten niet hoe mooi zijn stem was, en de manier waarop hij de liturgische teksten uitsprak en zijn gebeden. In zijn ascese ging hij verder dan wie ook: zo was hij in staat zijn scherpe tong de baas te worden, zijn plagerige ironie.

"Niet ons, o HERE, niet ons, maar uwen naam geef eer, om uw goedertierenheid, om uw trouw." (Ps. 115:1)

De grootste kwaliteit van de monnik is de nederigheid. Voor hen die zich de tedere glimlach van Grégoire Krug herinneren, zijn bijna kinderlijke charme, is er geen twijfel aan dat hij de ascese van de nederigheid heeft bereikt. Ik herinner mij dat hij eens een student troostte die steeds zakte voor zijn examens door hem te zeggen dat het een zeer goede oefening was in spirituele nederigheid. Hij kon het weten, hij die altijd iedereen in succes voorbij streefde, het was zijn taak om ijdelheid en trots te overwinnen en het was voor hem niet gemakkelijk om de ware nederigheid te bereiken omdat hij zo getalenteerd was.

Zalig de armen van geest
Want hunner is het Koninkrijk der hemelen. (Matt. 5:3).

INLEIDING
GRÉGOIRE KRUG

In de liturgische beweging van de kerkelijke erediensten, vormt de Kerk een soort grote cyclus, die het gehele jaar omkranst, zoals ook de kosmische zonnecyclus een jaar omspant met daarbinnen weer twaalf kleinere cycli.

Deze jaarlijkse kosmische cyclus, die gebaseerd is op de beweging van de aarde en de hemelse lichten, wordt volledig geheiligd door de cyclus van liturgische handelingen die de kerk vervult. Het is als een beker die tot de rand is gevuld

met de kostelijke wijn van het eeuwige leven, of als

een deeg dat is doordesemd van een wezen dat nooit vergaat,

een rivier 'die uitmondt in het eeuwige leven'.

De kringloop van de kosmische tijd die de jaren vorm geeft draagt een zeker verlangen naar eeuwigheid in zich. Door zich te voegen in de kringloop van de kerkelijke liturgie schijnt de kringloop van de jaren zich toegang te verschaffen tot het eeuwige bestaan.

Voor het menselijk bewustzijn is de cirkel, die geen begin en geen einde heeft, altijd het symbool geweest van de eeuwigheid en dat symbool wordt weer helemaal tot leven gewekt en bezield in de cyclus van het liturgische jaar.

Het zonnejaar bestaat uit twaalf maanden en elke maand heeft een bijzonder uniek kenmerk en heeft mooie eigenschappen die speciaal bij die ene bepaalde maand horen.

Het liturgische jaar brengt twaalf spirituele schatten met zich mee, de twaalf feesten die samen bekend zijn onder de algemene benaming 'De

Twaalf Hoogfeesten'. Deze feesten komen samen in de volheid van het getal twaalf. Zoals bij de twaalf apostelen en net zoals bij de twaalf poorten die leiden naar het Hemelse Jeruzalem. Het is ook een parallel met de levensboom die twaalf keer per jaar vrucht draagt. Deze feesten symboliseren ook de twaalf zegels van de Heilige Geest dankzij welke de wereld is geheiligd.

Elk feest heeft zijn eigen teken, zijn eigen ikoon voortgebracht door de kerk, en zonder die ikoon zou de eigenlijke viering niet echt vervuld kunnen worden. In deze ikoon wordt alles wat echt belangrijk is voor de betekenis van het feest verenigd, het meest kostbare en unieke dat juist op dat feest betrekking heeft. En de kerkelijke functie van de ikonen, de heilige traditie van de Kerk, bewaart deze representaties en draagt ze door de eeuwen en de millennia, ondanks onvoorziene transformaties, en houdt zo de essentie van de ikonen intact.

De feestikonen veranderen in de loop der eeuwen voortdurend van vorm, en ze dragen zo de geest en het karakter van de periode waarin ze zijn ontstaan met zich mee. Maar tegelijkertijd behouden ze in de loop van de tijd iets unieks, iets gemeenschappelijks, door de unieke traditie van de Kerk.

Er is in de Kerk geen beperking die de dynamiek belemmert, die de vrijheid in het ikonenschilderen wegneemt. Ikonen worden niet gekopieerd, ze worden niet op een mechanische manier gereproduceerd, maar ze worden de een na de ander 'geboren'. En zo is ook de eindeloze variatie te verklaren die kenmerkend is voor ikonen, een variatie die geen afbreuk doet aan hun verwantschap, zou je kunnen zeggen, en die het mogelijk maakt dat voorstellingen kunnen veranderen. De ikonentraditie wordt dus niet beroofd van haar veranderlijkheid en souplesse, en toch bewaren de ikonen hun eenheid en hun innerlijke integriteit, zonder dat ze versnipperen in een veelheid van uiteenlopende voorstellingen.

Het is juist die innerlijke eenheid die in de Kerk een structuur in het leven heeft geroepen, waardoor de ikonen, en wel in het bijzonder de twaalf feestikonen, niet zijn verstrooid en geïsoleerd, maar gezamenlijk een innerlijke roeping vervullen, overeenstemmend en verenigd door een zekere innerlijke eenheid.

Die ordening komt het beste tot zijn recht in de plaatsing van de twaalf feestikonen in de ikonostase.

De twaalf feesten, zoals ze zijn ontstaan in de orthodoxe kerk en zoals ze onlosmakelijk deel uitmaken van de dogmatische betekenis en het totaalconcept van de ikonostase in 'rijen' (tchin), zijn verankerd in de bijzondere reeks van die feesten, parallel aan de tekens van de Heilige Geest, de reeks vlammen die schitteren met een onvergankelijk licht, parallel ook aan de reeks edelstenen, binnen welke elke steen een unieke kleur, vorm en fonkeling heeft. En net zo als bij die edelstenen geeft de kerk aan elk van die feesten een eigen 'ciselure', die ze een eigen uniek karakter geeft, maar die ze toch samenbrengt tot één geheel.

Binnen deze unieke complexiteit kan de bezielende natuur van de Kerk worden herkend. Dat bezielende karakter is vergelijkbaar met de eeuwige beweging van het water van de zee, zoals edelstenen die van vorm worden veranderd, alsof ze worden gepolijst, afgesleten, zodat ze meer bij elkaar gaan horen, zonder ze evenwel te beroven van hun kostbare eigenheid.

Mandylion,
tempera op doek, 25 x 32 cm, Noisy-le-Grand

I
GEWIJDE VOORSTELLINGEN

"Men roept tot mij uit Seïr:
Wachter, wat is er van den nacht?
Wachter, wat is er van den nacht?
De wachter zegt:
Morgen komt, maar ook nacht..."
(Jesaja 21: 11-12)

Ikonenverering is in de Kerk als een brandende kaars waarvan het licht nooit wordt gedoofd. Deze kaars is niet aangestoken door een menselijke hand. Die kaars heeft gebrand, brandt, en zal nooit ophouden te branden en haar licht verspreiden, maar de vlam is niet statisch, zij brandt soms met een gelijkmatig licht, dan weer is zij bijna onzichtbaar, dan ontgloeit de vlam weer en verandert in een onverdraaglijk licht. En zelfs wanneer alle vijanden van de ikoon er op uit zijn dit licht te doven door het beeld te bedekken met een sluier van duisternis, zelfs dan dooft dit licht niet. En wanneer door een gebrek aan echte vroomheid de scheppingskracht in de ikonenschilderkunst echt zou afnemen en ze de glorie van haar hemelse waardigheid zou verliezen, zelfs dan dooft het licht niet, maar leeft het voort en is het klaar om weer te verschijnen in al zijn kracht als teken van de triomf van de Transfiguratie op de Berg Thabor.

Het lijkt erop dat wij ons op dit moment bevinden op de drempel van dit licht en hoewel het nog nacht is, nadert de morgen.

***

De ikonenverering in de orthodoxe kerk steunt op het onwrikbare dogma van de goddelijke incarnatie. De onuitputtelijke bron van de ikonenverering vindt haar bezielende oorsprong in de geloofsbelijdenis van de Zoon Gods: "Licht uit licht, ware God uit de ware God… Eén in wezen met de Vader,… Hij heeft het vlees aangenomen door de heilige Geest uit de Maagd Maria". De verering vindt haar oorsprong in het mysterie van de menswording van Christus. In wezen is deze oorsprong ondoorgrondelijk, zoals ook de geboorte van het Woord een ondoorgrondelijk mysterie is.

***

Het beeld en de goddelijke gelijkenis die door God bij de schepping in de mens zijn gelegd, zijn bij wijze van spreken de voorwaarde die de Schepper bedacht heeft waardoor hij zich op een aanschouwelijke manier in een menselijk beeld kon openbaren. Dit stellige beeld en deze gewisse gelijkenis naar Gods beeld, die op het ogenblik van zijn schepping aan de mens zijn gegeven, zijn reeds een soort archetypische ikoon, een van God gegeven beeld, een onuitputtelijke bron van heiligheid. Het beeld naar Gods gelijkenis, dat zelfs door de zondeval van de mens niet kan vergaan, en dat zich onuitputtelijk moet vernieuwen, dat steeds weer herleeft en zich zuivert wordt door de activiteit van de Heilige Geest en de ascese ('podvig') van de mens op een bepaalde manier onvermoeibaar geschilderd in de diepte van de geest. Door de ascese heeft de opperste gelijkenis, het beeld van God, diep in de mens zijn beslag gekregen en deze ononderbroken onvervreemdbare constructieve inspanning is de fundamentele voorwaarde van het leven van de mens, als een afdruk van het beeld van Christus op het fundament van de ziel.

We moeten ons bedenken dat de engelen, die reeds vóór de mens waren geschapen als superieure hypostatische wezens, het zegel van het beeld en de goddelijke gelijkenis op een andere manier met zich meedragen dan de mens. Vervuld van licht stijgen zij op van licht naar licht, hebben zij deel aan het trihypostatische goddelijke leven, en worden zij als 'een tweede licht' naar het beeld van het ongeschapen licht. De Machten en Krachten dragen Gods beeld op een ondoorgrondelijke en ontoegankelijke manier met zich mee. De glorie van de engelen is vervuld van het vuur van de goddelijke Heilige Geest en bekleedt zich zonder ophouden met de glorie van God.

De Moeder Gods is naar Gods wil het hoogste geplaatst van alle schepselen, zij is de koningin van de schepping, en bij haar tenhemelopneming ontving zij de aanbidding van alle hemelse, aardse en onderaardse krachten. In haar waardigheid als Koningin der Hemelen omvat zij de engelenscharen en het menselijk geslacht.

De God der heerlijkheid is mens geworden. Van de eeuwige maagd heeft hij het menselijke in zich opgenomen, om zo het beeld van God te redden en te herstellen, het beeld dat bij de schepping in de mens was gelegd en dat door het verdorven karakter van de menselijke natuur steeds maar weer werd verduisterd en overwonnen door de zonde.

En Christus verscheen bij zijn menswording als de hersteller van het goddelijke beeld in de mens en men zou kunnen zeggen dat hij meer is dan de hersteller, hij volbracht de totale en perfecte realisatie van het beeld van God, de ikoon der ikonen, de bron van de alheilige beeltenis, het niet door mensenhanden gemaakte beeld (acheïropoiète), het levende Jeruzalem.

Daarom houdt de Kerk bij de verdediging en de bevestiging van de ikonenverering altijd vast aan het dogma van de incarnatie van Christus, aan de vervulling van het woord dat God mens is geworden. En door de ikoon, die de gewijde voorstellingen heiligt, bevestigt ze het beeld van Christus acheïropoiète, zoals dat door de Heer zelf op de *oubrous* (linnen doek) werd gedrukt.

Zo is het beeld, dat op wonderbaarlijke wijze door de Redder zelf op de oubrous werd gedrukt de getuigenis geworden van Christus die waarlijk mens geworden is, de levende ikoon van de ware incarnatie, de eigenlijke voorstelling van het dogma van de menswording van God. En elke ikoon is afhankelijk van het Beeld Acheïropoiète, zoals het water van een rivier zijn begin heeft aan de bron waaraan hij ontspringt.

Het Beeld Acheïropoiète is de bron van alle latere ikonen. Daarom heeft de Kerk juist die ikoon uitverkoren als haar hoeksteen, als haar zegebanier. Deze ikoon bekroont de belijdenis van de Kerk van de mens geworden Christus. Elke andere ikoon spreekt en getuigt daarvan.

En deze door de kerk opgerichte banier verdeelt de wereld in twee onverenigbare delen.

Zoals de apostel Johannes het heeft geformuleerd: "iedere geest, die belijdt dat Jezus Christus in het vlees gekomen is, is uit God" (1 Joh. 4:2). De ikoon van Christus is het onverwoestbare zegel van dit geloof, net zo als de ikoon van de Moeder Gods en die van de Heilige Drie-eenheid. En de Kerk roept ons allen op ons onder deze zegebanier te scharen. Zij die haar verwerpen, verwerpen tegelijkertijd de ikonenverering in het algemeen. Zij kunnen deze test niet doorstaan en zij bevinden zich buiten het geloof en buiten de menswording van Christus. Wanneer ze dit geloof hebben verloren, hebben zij zich buiten de stad van de redding geplaatst en nemen totaal afstand van de victorie.

"Iedere geest, die Jezus niet belijdt, is niet uit God. En dit is de geest van de antichrist" (1 Joh. 4:3).

Zo worden de Christusikoon, en op dezelfde manier de ikonen van de Moeder Gods, de Heilige Drie-eenheid en de heiligen tot vreugde van allen die ze hebben aanvaard, hun bescherming en het overwinningsteken dat de wereld heeft overwonnen.

Men kan zeggen dat het licht van de Transfiguratie van Christus de ikonen geheel vervult en heiligt. Dat licht betekent voor de ikonen het constructieve principe dat de wezenlijke natuur van de ikoon bepaalt, het schenkt aan de ikoon juist datgene waar de ikoon niet buiten kan. Zonder dat licht zou een ikoon geen ikoon in de eigenlijke zin van het woord kunnen heten. Zonder de actieve kracht van de Transfiguratie zou een ikoon niet kunnen worden wat hij is geroepen te zijn.

Het Zevende Oecumenische Concilie (787) heeft duidelijk bepaald hoe de ikonen in de kerk moeten worden vereerd. De omschrijving van het beeld in die bepaling gaat terug op het archetype, het oerbeeld.

De kerkvaders van het concilie verwezen meer dan eens naar dit fundament. Deze omschrijving komt door zijn fundamentele betekenis niet overeen met definities die een relatief tijdelijke betekenis hebben.

Een dergelijke uitleg van de betekenis en de bestemming van het beeld bepaalt niet alleen het karakter van de ikonenverering, maar getuigt fundamenteel van het beeld zelf, van het karakter van de heilige voorstellingen, en van de manier waarop de aard van de heilige voorstellingen in overeenstemming moeten worden gebracht met de bestemming van deze voorstellingen.

De aard van het beeld wordt bepaald door de verering die wordt overgebracht op het oerbeeld.

Het door de kerk vereerde beeld moet overeenkomen met het oerbeeld en mag op geen enkele wijze het devote bewustzijn hinderen, dat in gebed is gericht op het beeld. Het mag geen obstakel zijn, maar moet zelf juist op een bepaalde manier deel hebben aan deze eeuwige existentie. Het beeld dient een getuigenis te zijn van de goddelijke glorie, het 'trisolaire' licht van de goddelijkheid.

***

De ikoon is de heilige voltooiing van het streven van de mens, de mens die nog niet zo beschadigd is dat hij in staat is om te komen tot een representerend beeld.

De ikoon is er op uit om voor te gaan in elk zuiver streven dat wordt uitgedrukt in de kunst. Het streven om alles wat ons dierbaar is vast te leggen en te bewaren en, geloof ik, het allerbelangrijkste: de trekken van het menselijk gezicht, het humane aspect.

Want de heilige ikoon die staat aan de basis van alle voorstellingen, is de ikoon van de mens-geworden God, het gelaat van Christus Acheïropoiète.

Elke voorstelling van het menselijk gelaat is gebaseerd op, of is gericht op het beeld van Christus en dat is mogelijk dankzij de komst van Christus op aarde, door de kracht van de mens-geworden God.

De vleeswording van Gods Woord en de mens-geworden Christus – de dubbele definitie in het Symbool van het Geloof – maken het voor ieder mens mogelijk om deel te hebben aan het goddelijke leven, om tot Christus te gaan. Door de vervulling met de Heilige Geest en door de Drie-eenheid als bron des levens is ons de weg gegeven om deel te hebben aan Christus.

Dat is naar mijn overtuiging de heiligheid die haar stempel drukt op de ikoon.

Het is te danken aan Gods komst op aarde dat het menselijk geslacht dichter tot God is gekomen. De mensheid wordt opgetild naar een andere bestaansvorm, en alles wat wordt gekenmerkt door het zoeken naar dat bestaan leeft in de verwachting deel te hebben aan het goddelijke leven én aan alle menselijke manifestaties. Niet alleen zij die zijn 'opgetild', maar ook zij die nauwelijks zichtbaar en totaal onbeduidend zijn dragen een sprankje van het goddelijk licht in zich. En de mens die van dit licht is beroofd kwijnt weg en tobt zich af en tracht, zonder het te weten, zich toch te bekleden met dit licht en zich te veranderen door de mysterieuze goddelijke herschepping.

***

Het Zevende Oecumenische Concilie legde niet vast welke materialen men zou moeten gebruiken om een ikoon te maken en te schilderen. Het bepaalde slechts dat het gekozen materiaal voor een ikoon sterk en duurzaam moest zijn.

Het Concilie gaf zijn zegen aan het schilderen van 'ikonen' op muren, met kleur, ook met mozaïeksteentjes, op panelen, het maken van voorstellingen op metaal, steen, of andere materialen en technieken. En in die geest werd het dus eigenlijk aan elke vorm van kunst toegestaan om bij te dragen aan de schepping van ikonen. Het concilie gaf zijn zegen en heiligde alle materialen, diverse technieken en verschillende kunstvormen.

En de Kerk stond dus allerlei soorten verf toe, niet alleen wasverf (de verf van de eerste eeuwen), ook niet alleen verf die was gewreven met pigmenten en eigeel (eitempera, het procedé, dat voor het schilderen van ikonen zonder twijfel de voorkeur had, en door de kerkelijke traditie was geheiligd), maar de Kerk gaf zijn zegen ook aan ikonen waarvoor de verf was gewreven met olie en met diverse harssoorten, met schellak of andere samenstellingen.

Dit rijke arsenaal aan materialen kan worden gebruikt voor het vervaardigen van ikonen en kan zo de kerk ten goede komen, en geheiligd en gewijd worden.

De apostel Lucas, die volgens de traditie de eerste ikonen van de Moeder Gods met het Kind de Heiland in haar armen heeft geschilderd, alsmede de ikoon van Christus Verlosser, schilderde zijn ikonen met wasverf, in de encaustische techniek. Hij creëerde geen nieuwe soort schildertechniek, maar schilderde zoals in zijn tijd gebruikelijk was.

De apostel Lucas beschouwde niet alles wat in de heidense cultuur werd gemaakt – en dat dus niet bekend was met de Openbaring, vrijwel beroofd van het licht - als minderwaardig, maar hij maakte gebruik van deze eenvoudige kunst en heiligde die.

Het is niet toevallig dat de Kerk in die apostolische periode zich niet de kunst van de heidense cultus eigen heeft gemaakt (de kunst die verbonden was met de afgodenbeelden in de heidense tempels) maar juist aansluiting zocht bij de eenvoudige en lichtere kunst die direct verbonden was met het dagelijks leven.

De afbeeldingen die het dichtst bij de ikonen stonden waren wellicht de portretten, in het bijzonder de portretten die werden geschilderd om de gelaatstrekken van een overledene voor het nageslacht te bewaren.

Reeds vóór de geboorte van Christus was het gebruikelijk om op een grafkelder het portret van de overledene te plaatsen. Vooral van de 'School van Alexandrië' zijn er vele dodenportretten bewaard gebleven, geschilderd in de encaustische techniek. Enkele goed bewaarde portretten bevinden zich in het Louvre en wanneer je ze ziet moet je meteen denken aan de vroegste ikonen. Deze portretten staan daar heel dicht bij en zijn er nauw mee verwant.

Het laat zich aanzien dat de apostel Lucas, de eerste ikonenschilder van de Kerk, de schilder die daartoe volgens de traditie de zegen van de

Moeder Gods had ontvangen, als schilder niet ver verwijderd was van de scheppingen van de portretschilders uit zijn tijd en deze affiniteit is niet toevallig.

Echt door de apostel geschilderde ikonen zijn niet bewaard gebleven. Volgens de traditie is hij de schilder geweest van de Moeder Gods met het Christuskind op de arm, alsmede van de voorstelling van Christus.

Hoewel vele ikonen worden toegeschreven aan de apostel Lucas, en hoewel ze zeker hun oorsprong vinden in de door hem geschilderde ikonen en er nauw aan verwant zijn, is het dubieus of er echt nog ikonen bestaan die daadwerkelijk van de hand van de apostel en evangelist zijn. Derhalve is het onmogelijk om een definitief oordeel te hebben over de ikonen van Lucas, maar je zou je op een bepaalde manier wel kunnen voorstellen hoe ze eruit hebben gezien.

De apostel Lucas was gevormd door de antieke klassieke beschaving en hij kende de kunst van zijn tijd. We moeten aannemen dat hij zich - toen hij de Moeder Gods en de Christus schilderde - hield aan de regels en de technieken van de kunst zoals hij die kende. Dit kan worden beoordeeld – zij het slechts gedeeltelijk – op basis van de heilige voorstellingen die uit de eerste eeuwen van het christendom bewaard zijn gebleven.

Deze continuïteit van de ikoon met betrekking tot de schilderkunst van de antieke wereld schijnt dus te hebben bestaan en deze continuïteit is van onschatbare waarde.

Zo kon het gebeuren dat een cultuur die de vervulling van de Openbaring nooit heeft gekend toch de zegen ontving en niet vreemd was voor de Kerk. Zo werden de inspanningen van vele generaties om een waardige representatie te creëren van het menselijk gelaat niet verworpen, het menselijk gelaat dat tot op zekere hoogte altijd gewijd is, of, om preciezer te zijn, dat op een nauwelijks zichtbare wijze de mogelijkheid van heiligheid in zich draagt.

Op het Zevende Oecumenische Concilie was er meerdere malen sprake van een voorstelling van Christus die was aangebracht op een klein monument dat was opgericht door de vrouw die was genezen van bloedingen, zoals vermeld in het evangelie van Lucas (8:43).

In Rome was het de gewoonte om een monument op te richten voor personen die uitzonderlijk goede daden hadden verricht, en de vrouw die was bevrijd van haar 'hemorragie' vanaf het moment dat ze de mantel van de Heiland had aangeraakt, had dat ook gedaan. Toen zij in haar huis was teruggekeerd, wendde zij zich tot een kunstenaar met het verzoek een monument te maken met de voorstelling van Christus erop. En deze voorstelling, die voortkwam uit de Romeinse gewoonte om de weldoener te eren, kreeg een geheel nieuwe en bijzondere betekenis.

Het bescheiden monumentje werd een van de eerste ikonen van Christus, het werd geheiligd omdat het niet zo maar een mens voorstelde, maar de incarnatie van Gods Woord en zo werd de goddelijke genade door dit monumentje verspreid. Men begon er zijn toevlucht te zoeken voor de genezing van ziekten en die genezing werd ook verkregen. Dit wordt meerdere keren genoemd in de handelingen van het Zevende Oecumenische Concilie en men bewaart de herinnering aan het feit dat in de buurt van het monument gras begon te groeien, en ook dit gras had een geneeskrachtige werking. Men verzamelde het en dankzij het gras kon men zieken genezen.

De geschiedenis van dit monument verklaart ons voor een deel het mysterie van de representatie. In het gebruik om dank te betuigen aan degene die zich verdienstelijk heeft gemaakt schuilt reeds een bepaalde zegen, en die zegen was niet tevergeefs, zij werd bekroond, gewijd en geheiligd door goddelijk ingrijpen.

Van al die monumenten werd er één uitverkoren, waarvan de zegen werd verbreid. In dat monument werd de gewoonte in zijn geheel geheiligd, en ook het werk van de kunstenaars en de inspanningen van de stichters van de monumenten. Alles wat er goed aan was, maar wat nog niet de definitieve waardigheid in zich droeg, werd toen door de Kerk geheiligd, op weg naar het eeuwige toekomstige licht.

***

Zoals zo vaak gebeurt, hebben de heilige voorstellingen, zonder onderscheid, binnen het domein van de 'goddelijke economie', Gods heilsplan, een totaal verschillende functie.

De vaandels, die ooit in de Kerk in gebruik werden genomen, zijn gebaseerd op de sacramentele handelingen en ze werden deel van het liturgische leven van de Kerk.

De banier, de wimpel die een leger verenigt, neemt op een geheel andere wijze deel aan het leven van de volkeren (maar wel op een gewijde manier), hij bepaalt hun lot op het slagveld.

De ikoon van de Moeder Gods van het Teken (Znamenie), die uitdrukking geeft aan het dogma van de Vleeswording van Gods Woord, en die haar plaats kent in het half bolgewelf van de apsis, achter het altaar, zouden wij kunnen beschouwen als zo'n banier. We zien haar in de profetenrij van de ikonostase, op de banieren en de zegels van de staat, en tenslotte op geldstukken, in het bijzonder op de munten die werden geslagen op bevel van de Byzantijnse keizers. In deze laatste functie manifesteert zich bijzonder krachtig de heiligmakende kracht van de gewijde voorstellingen.

Door dit door de byzantijnse keizers ingevoerde gebruik boog het – nog niet geheiligde en verlichte - aardse rijk zich voor het lichte juk van Christus en werd het verlicht door de stralen van de goddelijke krachten en kreeg het deel aan het tot op dat moment nog onbekende nieuwe leven. Het beeld van Christus dringt binnen in de gevangenis van de gevallen wereld, zoals de desem in het deeg, die het zuur maakt, en die de mysterieuze gisting te weeg brengt en zo zijn natuur totaal verandert.

Op dezelfde wijze is het mogelijk dat ikonen, die in wezen bestemd zijn om te dienen bij het gebed, hun helende werking in de wereld kunnen vervullen, de kerk kunnen verlaten, een plaats kunnen hebben in een museum, of thuis bij kunstliefhebbers, of opgenomen kunnen worden in tentoonstellingen. Dergelijke op het eerste gezicht ongepaste omstandigheden zijn niet toevallig, niet absurd.

Dit is de werking van de niet aflatende goddelijke zorg voor de wereld, de werking die erop uit is hen die verdoold zijn terug te halen en te verenigen en hen die zijn terneergeslagen weer op te richten.

De Kerk is geheel vervuld van deze werking van Gods vurige liefde voor de gevallene, ook de ikonenverering is daarvan vervuld. Slechts in het licht van deze kracht vol van genade is het te begrijpen dat er in het leven van de heilige voorstellingen geen sprake is van vastgelegde grenzen.

Zo komt het ook voor dat een eenvoudige voorstelling, profaner dan een echte ikoon, toch door Gods zorg kan worden verheven tot de waardigheid van liturgische verering.

Mandylion,
1960, 30 x 40 cm, Le Mesnil-Saint-Denis

II
HET NIET DOOR MENSENHAND GESCHILDERDE BEELD VAN CHRISTUS (HET HEILIGE GELAAT ACHEIROPOIIET)

Het gelaat van Christus, zoals dat door de Heiland op wonderbaarlijke wijze werd overgebracht op de linnen zweetdoek die koning Abgar als geschenk ontving, is de door de Kerk bevestigde standaard geworden. Dit beeld van Christus 'in twee naturen en in één enkele hypostase' [='persoon', goddelijke en menselijke natuur in één], werd de triomf die de orthodoxe beeldenverering heeft gezegend. En met deze verering werd de orthodoxe verering van alle gewijde voorstellingen bevestigd.

Het feest waarmee de Kerk dit feit herdenkt is bekend geworden onder de naam 'Het Derde Feest van de Heiland' (Tretij Spas) en de rijke liturgische inhoud van de mis wordt gekenmerkt door een buitengewone theologische diepte. Die liturgie werd o.a. samengesteld door patriarch Germanus van Constantinopel en door Theophanes, de grote verdediger van de Kerk en de schrijver van de 'canons', die omwille van zijn bezielde verdediging van de ikonenverering de martelaarsdood moest sterven.

De gebeurtenis van de verschijning van het heilige gelaat Acheiropoiiet is bekend geworden door getuigenissen en heeft zo een plaats gekregen in de kerkelijke traditie. Het zou zo zijn gegaan: in de laatste periode dat de Heer op aarde was, leefde bij de koning van Edessa de wens Hem te mogen ontvangen en kennis met Hem te maken. Daarom stuurde hij enkele afgezanten naar de Heiland om Hem uit te nodigen voor een bezoek en enige tijd bij hem te verblijven. De afgezanten vonden de Verlosser, en brachten de uitnodiging van hun koning aan Hem over. De Heiland kon de wens van de koning niet vervullen, want hij wist dat zijn Passie, zijn lijdenstijd, nabij was en hij wilde Judea niet verlaten, maar omdat hij de koning geen verdriet wilde doen verrichtte hij een wonder dat het fundament en het zegeteken van de Kerk zou worden, haar onwankelbare en eeuwige geluk en haar bolwerk en schoonheid.

De Heiland heeft op wonderbaarlijke wijze Zijn gelaat gedrukt op een lap stof, de 'oebroes' (=mandylion). Als een hoeksteen, als een kostbaar fundament heeft Hij daar de presentstelling 'Acheiropoiiet' van Zijn Gelaat als God-Mens op achtergelaten. Zo schiep hij de eerste ikoon waar alle ikonen uit voortgekomen zijn, de bron waar alle heilige voorstellingen uit voortvloeien, want de bron en het fundament van alle heilige voorstellingen is juist dit Beeld van Christus, en deze afbeelding is de onwankelbare getuigenis van het vleesgeworden Woord, door de Verlosser Zelve gedrukt op een linnen doek, geschonken aan de Kerk als hemelse standaard, voor de eeuwigheid gegeven aan alle mensen.

"Christus, U heeft degene die wankelde door de verzoeking van de tegenstander hersteld, U heeft Uw steun gegeven door Uw eerwaardige passie en door het beeld van Uw gelaat."

In deze troparion van de canon stelt de heilige patriarch Germanus de reddende kracht van de presentstelling van het gelaat van Christus gelijk aan Zijn Passie.

Deze daad van Christus, het maken van een afdruk van zijn gelaat op een linnen doek, was niet alleen van betekenis voor koning Abgar, die zo graag een beeld van Christus wilde hebben, maar heeft in werkelijkheid een meer algemene betekenis: de oneindige zorg voor de hele mensheid, die gered en geheiligd wordt door het beeld van Christus.

"Christus, eeuwig Gods Zoon, onzichtbaar, heeft ons voor het heil van onze zielen zijn beeld nagelaten, uitgebeeld 'in het vlees'."

In de woorden van de troparion wordt gezegd dat het beeld ons is gegeven voor het heil van onze zielen. De betekenis van deze woorden is dat de voorstelling van het gelaat van de Heiland op de zweetdoek (en daarmee alle gewijde voorstellingen) een werkzaam beeld is, een beeld dat ons is gegeven tot ons heil en onze redding. Zoals de Verlosser 'voor de redding der mensheid' mens is geworden, is Gods incarnatie het fundament van het heil der mensen. Sommigen stellen zich het zo voor: God bekommert zich om zijn aardse schepping; in het bijzonder bekommert Hij zich om de mens, die is geschapen naar Zijn beeld en gelijkenis. Het beeld is dan het instrument tot de redding van de mens, het is de fundamentele betekenis van de ikoon. En ook de verdediging van de ikonenverering vindt haar fundament en bevestiging in het dogma van de incarnatie.

Wat is dan de helende betekenis van de heilige voorstelling vanaf het moment dat de Verlosser zijn gelaat overbracht op de oebroes? Die betekenis is gelegen in het feit dat het goddelijke beeld van Christus op onlosmakelijke en onwrikbare wijze samenkomt met het menselijke beeld. Het beeld Acheiropoiiet, en bijgevolg elke ikoon, is als een soort knoop die voor eeuwig de goddelijke en menselijke principes met elkaar verbindt. Zo is de ikoon ook de zichtbare en tastbare getuigenis van de vereniging van het menselijke principe met het onvergankelijke goddelijke principe.

In deze bepalingen geeft het Zevende Oecumenische Concilie bij herhaling aan hoe ikonenverering kan plaatsvinden en op welke wijze een ikoon een verlossende werking kan hebben. Het Concilie plaatst de diepe betekenis van de verering niet in de verering en de aanbidding van de materie waaruit de ikoon is vervaardigd, zoals de panelen, de pigmenten of de steentjes van een mozaïek, maar in de kracht die ervan uitgaat om ons op te wekken onze beschouwing te richten op de bron van het beeld - het onzichtbare archetype, het oerbeeld. Deze belijdenis aangaande de ikonenverering door het Zevende Oecumenische Concilie plaatst de heilige representatie om zo te zeggen op de grens van enerzijds de zichtbare en tastbare wereld en anderzijds de spirituele en goddelijke wereld. Als een soort tastbare bezegeling wordt de ikoon het symbool van de onzichtbare wereld. De betekenis van de ikoon is als een lichtende poort naar een wereld van onuitgesproken mysteries, als een soort 'hemelvaart'. Het Zevende Oecumenische Concilie en de kerkvaders - waarvan het werk bijzonder belangrijk was, zoals het werk van de heilige Johannes van Damascus - onderstrepen heel duidelijk de betekenis van de ikonenverering. Voor de kerkvaders van het concilie waren de ikonen van Christus en de Moeder Gods, en in het bijzonder de voorstelling van de Moeder Gods met het Kind, een wezenlijke getuigenis van de mens geworden Christus. Er bestaat ook een andere betekenis van dit wezenlijke karakter van de ikonen van Christus en de Moeder Gods: zoals L. Ouspenski het zegt is de ikoon van Christus het beeld van de mens geworden God, zoals de ikoon van de Moeder Gods het beeld is van de volmaakte vergoddelijkte mens, waarop ons heil berust. Het Woord is vlees geworden teneinde de mens deel te laten hebben aan het goddelijke.

De ikonen van de heiligen zijn de bevestiging en de uitwerking van hetzelfde principe. Het beeld Acheiropoiiet van Christus is de oorspronkelijke bezegeling en de bron van de heilige beelden. Uit dat oerbeeld komen alle beelden voort en in dat beeld wordt elk latere beeld geboren. Als de bron van een rivier die zijn water in oneindig leven stort. Dit water is de onschatbare rijkdom van de ikonen, die dus hun oorsprong vinden in het beeld Acheiropoiiet van Christus, dat de Kerk vervult in haar niet aflatende beweging naar het einde der tijden en Gods komende koninkrijk.

Men zou zich ook kunnen voorstellen dat het beeld Acheiropoiiet van Christus niet slechts de bron is van de heilige voorstellingen, maar ook het beeld is dat het licht verder verspreidt en zo ook de voorstellingen van de profane kunst heiligt. In de eerste plaats geldt dat voor de portretkunst. In die zin is de ikoon in zijn kerkelijke liturgische bestaan niet gescheiden van de kunst buiten de kerk, maar is de ikoon te vergelijken met de besneeuwde top van een berg die zijn beken uitstort in het dal en zo alles het leven schenkt. Er is nog een andere innige band van de ikoon met de wereldse profane schilderkunst. De ikoon wekt in de buitenkerkelijke, wellicht volkomen aardse schilderkunst, de mysterieuze dorst om zich te vergeestelijken, om haar natuur te veranderen. Zo wordt de ikoon de hemelse gist die het deeg waarin zij wordt gevonden doet rijzen.

Heilige Drie-eenheid,
fresco, Le Mesnil-Saint-Denis

III
GOD DE VADER.
DE HEILIGE DRIE-EENHEID

Het is onmogelijk om God in zijn wezen af te beelden, Hij is ontoegankelijk en onkenbaar in zijn natuur. Hij is, zou men kunnen zeggen, gehuld in een onneembare duisternis van ondoorgrondelijkheid.

Niet alleen de pogingen om God af te beelden in zijn wezen zijn ondenkbaar, het is zelfs onmogelijk om ook maar iets van Gods wezen te bevatten of uit te drukken. Hij is, om zo te zeggen, onneembaar voor het menselijk bewustzijn: "de onneembare duisternis van Gods wezen."

De theologie zelf kan slechts in negatieve termen bestaan. Zij kan slechts 'apophatiek' zijn.

In zijn verdediging van de orthodoxe leer van het ongeschapen licht van de berg Thabor wijst de heilige Gregorius van Palamas er op dat het absoluut nodig is om onderscheid te maken tussen het volkomen onkenbare wezen van God enerzijds en de goddelijkheid van Zijn handelen anderzijds en zijn vooruitziende zorg voor ieder schepsel.

Palamas wijst erop dat we onderscheid moeten maken tussen Gods wezen en zijn goddelijke krachten, de uitstralingen van zijn genade, zijn barmhartigheid die de wereld in zijn hand houdt.

En als God onkenbaar is in zijn wezen, kan men in omschrijvingen van het wezen van God alleen maar zeggen dat God niet iets is dat toegankelijk is voor de waarneming, niet iets dat enige gelijkenis heeft met iets dat door Hem is geschapen. Alles wat betrekking heeft op het wezen van God lijkt te zijn gehuld in een heilige duisternis van ondoorgrondelijkheid.

Wat wel kenbaar is, en toegankelijk voor ons bewustzijn, is Gods door de voorzienigheid beschikte handelen in de wereld: God die zich wendt tot de aarde, die zich richt op de wereld met zijn liefde en niet aflatende zorg.

Deze absolute wijsheid die alles organiseert, het licht der wereld dat alles verlicht, de liefde van God die alles vervult: dat alles is Gods openbaring, de epifanie [=verschijning] van God in de wereld.

En de wereld in het goddelijke *'pré-eternelle'* licht is reeds voltooid, zodat zij deze goddelijke actie kan ontvangen en bevatten, dit majesteitelijke zegel op zich kan nemen en zo volledig een koninklijk bezit kan worden.

Deze symbolische natuur van het universele systeem, zoals men het ook zou kunnen uitdrukken, is de bestemming van de gehele schepping: om Gods bezit te worden.

De wereld is geschapen door de absolute wijsheid van God, door de goddelijke 'Sophia'. Men zou kunnen zeggen dat de wereld zo is gemaakt dat het systeem van het universum in zijn geheel, en ook elk schepsel in zijn unieke bijzonderheden en eigenschappen een soort mysterieus verhaal over de Schepper in zich bergt.

Daarom is het niet geheel juist om over God de Vader te spreken als over een hypostase [=goddelijk wezen] dat geheel door duisternis is verhuld.

Vanaf de tijd dat God de wereld heeft geschapen zien wij God de Vader in zijn niet aflatende zorg voor de wereld. Wij zien dat in zijn voortdurende bezorgdheid voor het menselijk geslacht en in zijn onophoudelijke relaties met de mensen, zoals bij zijn zichtbare en tastbare verschijning aan Abraham en Sara in de gedaante van de drie engelen.

De hele oudtestamentische geschiedenis van Israël is vol van de genade van God de Vader jegens het uitverkoren volk.

Sint Gregorius de Theoloog spreekt over de relatie van Israël met God de Vader als volgt: "Het is bij uitstek het volk Israël dat zich richtte op God de Vader." En deze innige band tussen de Heer Sabaoth met zijn uitverkoren volk bestond in de eerste plaats uit een vertrouwensband met de profeten.

Het was alsof God de vader zich liet aanschouwen, alsof hij zich openbaarde in een helder beeld. En wellicht een van de meest volkomen openbaringen werd gegeven aan de profeet Daniël in zijn visioen van het oordeel, waarin God de Vader als het ware spiritueel zijn beeld tekent, zijn vaderlijke gelaat manifesteert.

Hier volgt die profetische getuigenis van Daniël (7:9, 13 en 14):
"Terwijl ik bleef toekijken, werden tronen opgesteld, en een Oude van dagen zette Zich neder; zijn kleed was wit als sneeuw en zijn hoofdhaar blank als wol; zijn troon bestond uit vuurvlammen, de raderen daarvan uit laaiend vuur [...]

Ik bleef toekijken in de nachtgezichten en zie, met de wolken des hemels kwam iemand gelijk een mensenzoon; hij begaf zich tot den Oude van dagen, en men leidde hem voor dezen; en hem werd heerschappij gegeven en eer en koninklijke macht, en alle volken, natiën en talen dienden hem. Zijn heerschappij is een eeuwige heerschappij, die niet zal vergaan, en zijn koningschap is een, dat onverderfelijk is."

Maar in de incarnatie [= de menswording van God] is de 'schildering' van God in het vlees een bron van licht geworden, een licht dat zich verspreidt naar alles rondom, dat alles verklaart in zijn zichtbare existentie, een licht dat alles zichtbaar en voorstelbaar maakt.

Alleen in het licht van de incarnatie wordt het afbeelden van God de vader mogelijk. En van dit zichtbare karakter zijn alle afbeeldingen van God de Vader ten dele doordrongen. Het zijn afbeeldingen die altijd in verband staan met Gods handelen met betrekking tot de Zoon, volgens de onderlinge afhankelijkheid van de goddelijke hypostasen: de Heilige Drie-eenheid. Alleen de ikoon van 'Heer Sabaoth die troont op cherubijnen' maakt hierop een uitzondering.

Tijdens de grote vespers, wanneer het koor zingt: "Prijs de Heer, mijn ziel... Alles hebt u met wijsheid gemaakt", verlaat de priester het sanctuarium door de Koninklijke Deuren om de kerk te bewieroken. Hij wordt daarbij voorafgegaan door de diaken en maakt zijn ronde door de kerk. Dan verschijnt als het ware God de Vader die het universum schiep als de ikoon van God de Vader Pantocrator, de Schepper van hemel en aarde.

Heilige Drie-eenheid,
1962, 38,5 x 39 cm, Vanves

Er bestaat een profetie die niet door de kerk is verworpen: aan het einde der tijden zal er een kerk worden opgericht, gewijd aan God de Vader. Bij alle volken geroemd en glorieus zal deze kerk bestaan door de ultieme vervulling van de openbaring van God de Vader in de Kerk.

Die vervulling van de verschijning van de Vader gaat vooraf aan het laatste oordeel waarbij de Vader het gericht overdraagt aan de Zoon, die oordeelt over de wereld overeenkomstig de wil van de Vader.

IV
OVER HET AFBEELDEN VAN GOD DE VADER IN DE ORTHODOXE KERK

1

Menigmaal en onder allerlei omstandigheden wordt aan de Kerk de vraag gesteld hoe men zich een voorstelling kan maken van de eerste hypostase – God de Vader - en dus, meer in het algemeen, wat de plaats is van de ikoon van God de Vader in het geheel van de kerkelijke afbeeldingen. De uitspraken over deze kwestie hadden nogal eens een tegenstrijdig karakter. En dit tegenstrijdige karakter is geloof ik niet toevallig. Die schijnbare dualiteit is eigen aan de 'vaderlijke' voorstellingen.

De kwestie van het afbeelden van God de Vader werd reeds bediscussieerd tijdens het Zevende Oecumenische Concilie, zij het niet op een formele manier. Het oordeel van Sint Johannes van Damascus en Sint Theodorus de Studiet, de grote verdedigers van de ikonenverering, was afwijzend wat betreft het afbeelden van God de Vader. Een van de belangrijkste oorzaken van het afwijzen van een dergelijke voorstelling is het feit dat het weergeven van God de Vader in een menselijk beeld de indruk zou kunnen wekken of de gedachte zou kunnen doen opkomen dat er een bepaalde eeuwige menselijke gelijkenis zou bestaan. Sint Johannes van Damascus zegt: "Wij beelden God de vader niet af want wij kunnen hem niet zien. Wanneer we hem zouden hebben gezien, zouden we hem kunnen afbeelden."

Van de redevoeringen die tijdens het Concilie werden gehouden ter verdediging van de ikonen, trekt die van Johannes van Thessaloniki de aandacht: "Wij maken ikonen van mensen van vlees en bloed die God hebben gediend. Wij maken geen afbeeldingen van wezens zonder lichaam. Hoe zouden die er immers uit moeten zien? En wanneer we ikonen maken van God, beter gezegd van Onze Heer en Heiland Jezus Christus, dan beelden we hem af zoals Hij zichtbaar geweest is op aarde, toen Hij zich bevond onder de mensen." Deze woorden getuigen onmiskenbaar van de grondslag die de kerkvaders aan de ikonen hebben gegeven. Johannes van Thessaloniki (en met hem vele andere vaders die hebben deelgenomen aan het Zevende Oecumenische Concilie, of die er bij betrokken waren) ziet de fundering van het verschijnen en het bestaan van de ikonen in het feit dat alles wat er op wordt afgebeeld zichtbaar en tastbaar is. En dat zichtbare karakter van het afgebeelde geeft de heilige voorstellingen een onwrikbaar fundament. "Wij maken onder geen beding lichamelijke afbeeldingen van onlichamelijke wezens", zei Johannes de Theoloog en daarom onderstreepte hij dat de basis van de afbeeldingen moet bestaan in het tastbare zichtbare vleselijke karakter.

In de latere ontwikkeling van het bewustzijn van de ikonenverering heeft deze in zekere zin materialistische basis substantiële veranderingen ondergaan.

In de cyclus van voorstellingen deden niet alleen maar heiligen hun intrede die als mensen van vlees en bloed God hadden gediend, maar ook voorstellingen van engelen. Zelfs in het geval dat zij zich manifesteerden op een zichtbare manier, ook dan kan men ze nog niet 'lichamelijk' noemen. We zouden wel kunnen zeggen dat de engelen een zichtbaar beeld hebben aangenomen, als een symbool van hun onlichamelijke natuur.

Zo zijn er ook ikonenscholen ontstaan, die niet slechts getuigden van het onbetwistbaar zichtbare, maar die meer de nadruk legden op een didactische en dogmatische inhoud.

In Rusland werd op het zogenaamde Concilie van de Honderd Hoofdstukken (Stoglav, 1551) de kwestie van het afbeelden van God de Vader weer ter discussie gesteld. Op dat Concilie werd er een document gepresenteerd dat was opgesteld door een geestelijke/klerk, een zekere Viskovaty. In dit discussiestuk trok hij in twijfel of het toelaatbaar was om God de Vader af te beelden.

De twijfel was wellicht ontstaan door de fresco's die door ikonenschilders werden geschilderd in het paleis van Iwan de Verschrikkelijke in Novgorod, dat in die tijd werd gerestaureerd.

Viskovaty presenteerde een lijst met ikonen waarop God de Vader was afgebeeld en eiste dat die niet meer zouden mogen worden gebruikt in de kerk.

Het verzoek van de geestelijke werd afzonderlijk in behandeling genomen, na de zittingen van het Concilie. Viskovaty kreeg geen gelijk: hij moest zelfs openlijk zijn ongelijk bekennen en zijn eis werd terzijde gelegd.

Het was een algemeen geldend besluit, dat wil zeggen, zonder dat elke afbeelding aan een afzonderlijk onderzoek werd onderworpen.

Het lijkt erop dat de betekenis van dit besluit er in zou bestaan dat het Concilie, na akkoord te zijn gegaan met ikonen met een dermate twijfelachtige iconografie, daarmee ook de ikoon bewaarde en accepteerde, zonder welke de Kerk ondenkbaar en onvoorstelbaar is. De ikoon die in de tekst van de klerk Viskovaty wordt genoemd is de ikoon van de Heilige Drie-eenheid, of zoals hij in de tekst wordt genoemd de Drie-eenheid van Abraham. Hij had deze ikoon in zijn lijst met af te wijzen ikonen opgenomen, omdat op deze ikoon God de Vader wordt gerepresenteerd.

Het Concilie van de Honderd Hoofdstukken verleende de ikoon van de Drie-eenheid een speciale goedkeuring. Maar met het besluit dat voortvloeide uit de tekst van klerk Viskovaty, wendde het Concilie slechts het gevaar af voor zover het de ikoon van de Heilige Drie-eenheid betrof.

De discussie aangaande het afbeelden van God de Vader werd voortgezet op het Grote Concilie van Moskou (1655). In tegenstelling tot het Concilie van de Honderd Hoofdstukken verwierp dit Concilie het afbeelden van God de Vader in zijn geheel. Men maakte alleen een uitzondering voor de voorstelling van de Apocalyps waar men de afbeelding van God de Vader toelaatbaar achtte "omwille van de visioenen die zich daar voordoen." Vanwege het feit dat God de Vader in het visioen van de Apocalyps verschijnt als een grijsaard, als een 'oude van dagen'.

Het verbod van het Grote Concilie van Moskou draagt het karakter van een waarschuwing. De zorg van het Concilie werd bepaald door de vrees dat het menselijke beeld van God de Vader aanleiding zou kunnen geven tot de gedachte dat de Eerste Persoon van de Heilige Drie-eenheid een menselijke gelijkenis zou kunnen hebben. Het Grote Concilie van Moskou bepaalde eveneens dat de ikoon die bekend stond onder de naam 'Het Vaderschap' (Otjetstjestwo) een ontoelaatbaar karakter droeg. En deze ikoon had een grote verspreiding, want het gebruik ervan was in zwang gekomen.

Dit is een van de fundamentele ikonen waarin de Eerste Persoon wordt afgebeeld, hoewel dat niet alleen maar komt door de plaats die hij heeft in de ikonostase. De ikoon bevindt zich in de bovenste rij van de 'stamvaders' (de pra-otjetstjeski tsjin). Hij overkoepelt als het ware de kerk, maar, volgens de iconografische opzet drukt deze ikoon volkomen de vaderlijke natuur van de Eerste Persoon uit.

De oorsprong van deze ikoon is heel oud. De eerste afbeelding die ervan bewaard is gebleven dateert uit het begin van de 11e eeuw en bevindt zich in de bibliotheek van het Vaticaan. Het is een miniatuur in een manuscript van Sint Johannes Climacus (vgl. Adelheid Heimann 'L'iconographie de la Trinité', *L'Art Chrétien*, october 1934, p. 39-40). De iconografie van deze miniatuur is geheel gevestigd en voltooid en wijkt nauwelijks af van de ikonen uit de 16e en 17e eeuw die men in de ikonostases plaatste.

Deze afbeelding is de oudste die we kennen en die ouderdom is wellicht te verklaren uit het feit dat bij het ontstaan van de ikoon van God de Vader de makers van dit beeld in de eerste plaats hebben geprobeerd om de vaderlijke natuur van de eerste hypostase van vóór alle tijden uit te drukken.

God de Vader wordt er voorgesteld als een oude man gezeten op een troon.

Het uiterlijk van deze oude man is vorstelijk majestueus en sereen, zijn handen zijn opgeheven in een zegenend gebaar. Zijn gelaat wordt omringd door een tamelijk lange witte enigszins gespleten baard. Ook zijn hoofdhaar heeft een scheiding in het midden, zoals in de gebruikelijke voorstelling van de Heiland, en het valt tot op de schouders.

Zijn gelaatstrekken zijn ernstig en sereen.

Hij is gekleed in een tuniek die valt tot op de grond, en een chiton, dezelfde kleding waarmee de Heiland wordt afgebeeld.

Alle plooien in de kleding van God de Vader zijn bedekt met fijne gouden stralen, 'de assist', die de krachtige goddelijke energie voorstellen. Het gehele gewaad van God de Vader, het altaar en de plaats waarop zijn voeten rusten zijn ook bedekt met die gouden stralen. Het hoofd van God de Vader is volgens de kerkelijke traditie bekroond met een nimbus, die gewoonlijk alleen maar voorkomt bij de voorstelling van God de Vader of bij de Heiland, wanneer Hij wordt afgebeeld in de glorie van de Vader, bijvoorbeeld op de ikonen 'Christus, Engel van het zalige zwijgen' (Angel blagomoltsjania) en 'De Oude van dagen'. Er bevinden zich twee vierkanten in de krans: een vlammend vierkant dat getuigt van de goddelijkheid van de Heer, en een donkergroen (of donkerblauw) vierkant, dat verwijst naar de ondoordringbare duisternis van de Godheid. Deze vierkanten zijn gewoonlijk opgenomen in de gouden stralenkrans die uitdrukking geeft aan de goddelijke glorie.

Een bekroning als deze, maar dan niet in de vorm van een aureool, omkranst de hele voorstelling van speciale Moeder Gods-ikonen, bijvoorbeeld die van de 'Brandende Braambos' (Nieopolimaja Koupina).

Op de schoot van God de Vader zit het 'pre-eternelle' Kind, God de Zoon van vóór alle tijden. Net zoals bij de Vader is zijn tuniek verlicht door gouden stralen, aangebracht in de techniek die bekend staat onder de naam 'assist'. Zijn hoofd is omkranst met een aureool met een kruis erin. Het hoofd van het God-Kind is opgericht, de gelaatstrekken zijn gebiedend. Het voorhoofd is buitensporig groot, teneinde de goddelijke alwetendheid aan te geven. De houding van het tronende God-Kind is net zo vrij en majestueus als de lichaamshouding van de Vader.

In de schoot van Christus Immanuël is de Heilige Geest voorgesteld als een duif. De Heilige Geest wordt omringd door een blauwachtige waas en er gaan lichtstralen van hem uit. De Heiland heeft gewoonlijk een soort bol in zijn handen die de duif omringt. Deze voorstelling geeft uitdrukking aan de epifanie - de verschijning – van de Heilige Geest via de Zoon. Soms wordt de Heiland voorgesteld met zegenende handen, zoals bij de Vader.

Dus op deze manier wordt het 'Vaderschap' in de ikoon voorgesteld. Waarschijnlijk werd God de Vader gewoonlijk zo op ikonen afgebeeld vanaf de 12e eeuw, en de iconografie van dit beeld veranderde steeds en kreeg soms een wonderlijk karakter.

De ikoon van God de Vader blijft niet op zichzelf staan, maar streeft er als het ware onvermoeibaar naar steeds opnieuw geboren te worden, en tracht bovendien ikonen te scheppen met het beeld van God de Vader als oerbeeld. En in deze neiging, in de verschijning en ontwikkeling van zulke nieuwe voorstellingen, schuilt een onoplosbare moeilijkheid en - zou men kunnen zeggen - een zekere kwetsbaarheid. De ikonen van de Heilige Drie-eenheid (Drievuldigheid of Triniteit) die ontstonden uit de voorstelling van God de Vader, zijn onvolkomen en geven niet het volmaakte en onwrikbare beeld weer van de Heilige Drie-eenheid, ze blijven gebrekkig.

Als men nog eens goed kijkt naar de ikoon van het 'Vaderschap' en als men zich verdiept in de compositie zal men ontdekken dat deze ikoon in de buurt komt van de ikoon van de Drievuldigheid, maar dat hij niet de volheid ervan kan evenaren. In de compositie worden de voorstellingen van de Personen op een verkeerde manier met elkaar verbonden. De fundamentele beweging van deze ikoon is naar binnen gericht. God de Vader, hier voorgesteld als een grijsaard, van waaruit deze ikoon is ontstaan, lijkt door de monumentale weergave de voorstellingen van de Zoon en de Heilige Geest geheel in zich op te nemen. En de Heilige Geest, voorgesteld als een duif, wordt onevenredig klein ten opzichte van de Eerste en de Tweede Persoon.

Het gevolg is, zou men kunnen zeggen, een geforceerde weergave van de Triniteit, naar binnen gericht, waardoor de waardigheid van de Personen geleidelijk afneemt. En deze onmacht om uitgaande van de afbeelding van God de Vader een ikoon te scheppen van de Heilige Drie-eenheid - met een perfecte voorstelling van de Heilige Geest, en waarin bovendien het beeld van de Vader even volmaakt zou moeten zijn als het beeld van de Tweede en de Derde hypostase – deze vruchteloze pogingen lopen uit op een zekere impasse.

Dat is bijvoorbeeld te zien in de voorstelling van de Drie Personen op het kruis, waarbij de zegenende Heer Sabaoth boven het kruis is geplaatst, terwijl de Heilige Geest met zijn vleugels de gekruisigde Heer omhult: deze gebrekkige voorstelling is een onvolkomen weergave van de Heilige Triniteit. Men kan hetzelfde zeggen over de bekende ikoon 'De zetel aan de rechterhand Gods' of, zoals hij vaak wordt aangeduid 'De Drie-eenheid van het Nieuwe Testament'. De bedoeling van deze ikoon is het weergeven van onze Heiland Jezus Christus na de Hemelvaart, tronende aan de rechterhand van God. God de Vader wordt dan gewoonlijk afgebeeld in het rechtergedeelte van de ikoon als een grijsaard, gezeten op een troon in een stralend koninklijk gewaad, de koningskroon dragend. Het hoofd van God de Vader wordt omringd door een nimbus met acht punten die in een aureool zijn geplaatst. Met zijn rechterhand zegent de Vader Christus die in het linker gedeelte van de ikoon is afgebeeld. Evenals God de Vader draagt de Heiland de koninklijke kroon en zijn hoofd is zoals gebruikelijk omringd door een aureool met een kruis erin.

De kleding van Christus lijkt op die van de Vader. Het gelaat van Christus is gericht naar de Vader terwijl Hij van hem de zegen ontvangt. Erboven is een duif geplaatst in een driehoek, of ook wel in een 'hemelbol': de Heilige Geest.

In deze ikoon zien we ook hoe door een bepaalde innerlijke noodzaak 'De zetel ter rechterhand Gods' verandert in een ikoon van de Triniteit. En net zoals de ikoon van het 'Vaderschap', geeft ook deze ikoon niet krachtig genoeg uitdrukking aan het beeld van de Drie-eenheid. Wanneer je de belangrijkste contouren van deze ikoon bekijkt zie je hoeveel er afbreuk aan wordt gedaan, hoe onvolwaardig de plaats is die wordt ingenomen door de afbeelding van de Heilige Geest, die verschijnt als het verbindende principe tussen de afbeelding van de Eerste en de Tweede persoon en die zo wordt beroofd van een volwaardige hypostatische representatie. God de Vader wordt met dezelfde materiële kracht afgebeeld als de Christus, en dat materiële karakter van de afbeelding zou volgens het oordeel van vele kerkvaders een vals beeld van zijn natuur kunnen oproepen.

En hier zien we dus dezelfde onmogelijkheid om een beeld te scheppen dat helemaal perfect en onveranderlijk dit gebeuren tot uitdrukking brengt.

Op dezelfde wijze of wellicht nog meer aanvechtbaar wordt de Heilige Drie-eenheid afgebeeld op de zogenaamde 'asterisk', en er zijn nog meer voorbeelden zoals soms de afbeelding op het antimension (altaardoek).

Of de Heilige Drie-eenheid nu op een directe manier wordt afgebeeld of op een zuiver symbolische manier wordt weergegeven, de drie personen kunnen nooit helemaal perfect worden afgebeeld.

Waarschijnlijk is het juist bij de ikoon van het 'Vaderschap' goed te zien welke onoplosbare moeilijkheden zich in de Kerk voordoen in verband met het afbeelden van God de Vader en in het bijzonder bij díe ikoon.

Er is kennelijk ooit een behoefte ontstaan aan een afbeelding van God de Vader, maar de oorsprong ervan is niet duidelijk aan te geven.

Wanneer men zich dergelijke afbeeldingen van de 'Eerste Persoon' voorstelt als onafhankelijke afbeeldingen, dan verandert men het verbod (of de terughoudendheid) waaraan de Kerk zich houdt wat betreft het afbeelden van God de Vader. En inderdaad is er in de Kerk geen enkele ikoon van God de Vader die voldoet, zoals er in de Kerk ook geen kerkelijke wijding van God de Vader bestaat, of een feest tot zijn eer, of een herdenking die direct betrekking heeft op de Vader. En daarom zou een afbeelding van God de Vader niet op zichzelf mogen staan, maar altijd een afbeelding moeten zijn samen met de Tweede en de Derde Persoon van de Heilige Drie-eenheid, met de Zoon en de Heilige Geest.

De behoefte om God de Vader niet afzonderlijk te denken is in geen geval verkeerd. Die gedachte is eigen aan de Kerk, en zal nooit opdrogen. Aan de behoefte om vanuit het beeld van God de Vader een ikoon te creëren van de Triniteit kan slechts gebrekkig worden voldaan. De afbeelding van de Heilige Drie-eenheid die zo is ontstaan is niet vervuld van de hemelse glorie, heeft niet die uitstraling, en wordt als een berg zonder besneeuwde top. Alle ikonen die zo zijn ontstaan lijken een bepaalde onoverkomelijke tekortkoming te hebben, een gebrek dat is gelegen in het feit dat de gelijkwaardige glorie van de drie personen van de Heilige Triniteit niet tot uitdrukking komt.

In al deze constructies is de derde hypostase, de hypostase van de Heilige Geest, niet voorgesteld als een persoon, en mist zo zijn volkomen hypostatische waardigheid. In al deze ikonen wordt de Heilige Geest steevast afgebeeld in de vorm van een duif, en zo'n voorstelling kan nooit dezelfde glorie hebben als de voorstelling van de Vader en de Zoon, verbeeld in een menselijke vorm.

Terwijl ze op zich niet zonder betekenis zijn, kunnen daarom toch alle ikonen van de Triniteit die zo zijn vormgegeven niet de 'eeuwige' ikoon worden, de volkomen bezegeling van de dogmatische geloofsbelijdenis van de Heilige Drie-eenheid.

Zoals hierboven al is opgemerkt draagt het oordeel van de kerkvaders over de afbeeldingen van God de Vader die werden geaccepteerd door het Zevende Oecumenische Concilie een negatief karakter. Het Concilie beschouwde het als misplaatst om God de Vader af te beelden, die immers – naar het woord van de Heiland – niemand ooit heeft gezien.

Volgens de vaders werd het afbeelden van God de Vader als ongepast en zelfs als onacceptabel beschouwd. Toch werden er in die tijd vele afbeeldingen van de Heer Sabaoth in de Kerk gebruikt. Wij zien de afbeeldingen van God de Vader op fresco's in de kerken, in het koepelgewelf, in de ikonostase in de rij van de aartsvaders, en in vele andere ikonen, zoals 'De Epifanie', 'Het Vaderschap', 'Heer God Sabaoth in Zijn glorie', 'Hij die troont op de cherubijnen', en nog in een groot aantal andere ikonen. Deze ikonen worden gevonden in elke orthodoxe kerk, en ze zijn afkomstig uit verschillende perioden. Men komt ze tegen op Byzantijnse afbeeldingen uit de elfde en twaalfde eeuw en nog later, en op vele Russische ikonen uit verschillende perioden. Met name de zestiende en zeventiende eeuw bleken voor de iconografie van God de Vader een rijke periode te zijn. En gedurende de twee laatste eeuwen zien we een groot aantal afbeeldingen van de Heer Sabaoth, in het bijzonder in de centrale koepel van de kerken.

Hoe zouden we deze twee schijnbaar onverenigbare feiten met elkaar kunnen verzoenen: het verbod om God de Vader af te beelden en een dergelijke overvloed aan zulke afbeeldingen in de praktijk van de Kerk? Zijn het allemaal ketterse afbeeldingen, vals, wezensvreemd aan de Kerk, en dus gedoemd om te worden verwijderd en totaal vernietigd, of is het verbod om God de Vader af te beelden dan soms niet absoluut? We moeten aannemen dat het verbod om God de Vader af te beelden niet een ontologisch – 'fundamenteel' – karakter heeft: het is niet een verbod dat totaal de mogelijkheid ontkent om een afbeelding te maken van God de Vader, maar het is een beperkende ascetische maatregel, met de bedoeling om als het ware een soort vasten voor te schrijven aangaande het afbeelden van God de Vader. En de eerste en fundamentele reden daarvoor was de wil van de Kerk om op een onwankelbare manier het fundament te leggen voor de ikonenverering. De basis die is gelegd door het Zevende Oecumenische Concilie is het dogma van de incarnatie. Daarin is het fundament en de bevestiging gelegen van de gewijde afbeeldingen: God, die onbeschrijfelijk is, wordt 'beschrijfelijk' in het vlees en net zoals de onzichtbare en ondoordringbare Goddelijkheid zichtbaar en tastbaar vlees is geworden, evenzo kan die goddelijkheid worden afgebeeld en beschreven. Deze omschrijving plaatst ook de geïncarneerde Christus aan de basis van alle gewijde afbeeldingen. Het beeld van Christus, het gegeven beeld van zijn hypostase, verenigt de twee naturen. En juist de mens geworden God is voor ons het fundament van de ikoon en we kunnen zeggen dat het de ikoon der ikonen is. Zoals een hoeksteen de twee muren van een gebouw met elkaar verbindt, evenzo verenigt Christus – het vleesgeworden Woord – de twee naturen in zich: de onbeschrijfelijke godheid en het beschrijfelijke menszijn. En zo, alleen in Christus, is de ikonenverering mogelijk geworden en er kan geen ander fundament zijn. De afbeelding van Christus God-mens is het teken geworden van de overwinning van de Kerk en het fundament dat door de Heiland zelf is gegeven aan de Kerk toen Hij zijn beeld op de oebroes drukte. En de kerkvaders die de ikonen verdedigden bevestigen in hun geschriften steeds dit onwankelbare fundament. De ikoon van God de Vader is slechts denkbaar in het licht van de ikoon van Christus. In het bewustzijn der gelovigen heeft zich een soort splitsing voorgedaan, het beeld van Christus is als het ware bekleed met het beeld van God de Vader.

Het verbod om God de Vader af te beelden herinnert ons aan het beeldverbod in het Oude Testament. Toch loochenen deze verboden niet het afbeelden op zichzelf, maar ze beschermen de heilige afbeeldingen, zoals ook bij het vasten beperkingen worden opgelegd voor het voedsel. Het vasten wil immers niet het voedsel op zichzelf afschaffen, maar het nuttigen ervan voor een bepaalde tijd matigen. En net zoals in het Oude Testament het afbeelden van de cherubijnen op de ark des verbonds het verbod van de gewijde afbeeldingen aantastte, evenzo beroofde in de Kerk van het Nieuwe Testament de gewoonte om in het kerkelijk leven op ikonen God de Vader af te beelden voortaan het verbod van zulke beelden van zijn absolute karakter. Het verbod werd op die manier als het ware verklaard, en het was niet langer geheel gesloten. Deze verordeningen maakten een begin met het wegnemen van het gordijn, het gordijn dat het volle licht tegenhoudt, maar dat nu niet langer een bron van volslagen duisternis is.

We zien hetzelfde verschijnsel in de liturgische teksten. De Kerk kent geen feesten die exclusief aan God de Vader zijn gewijd, maar zij eert de Vader, 'Aanbeden in de Drie-eenheid', in het feest van de Transfiguratie van de Heer, met de Epifanie en wel in het bijzonder met het Pinksterfeest, de uitstorting van de Heilige Geest, het feest dat ons nader brengt tot de volkomen kennis van God. De Triniteit - het feest van de nederdaling van de Heilige Geest – wordt in de eredienst gemarkeerd door het plaatsen van twee ikonen op de lessenaar: de ikoon van 'De nederdaling van de Heilige Geest op de apostelen' en de ikoon van de 'Heilige Triniteit'. Juist deze laatste ikoon kan worden beschouwd als de basis van de ikonen met de beeltenis van God de Vader.

2

De ikoon van de Triniteit is de geloofsbelijdenis van de drie-hypostatische eenheid van God, een belijdenis die niet minder absoluut is dan de belijdenis die wordt uitgedrukt in woorden, en zij is de bron van de dogmatische geloofsbelijdenis van de Heilige Drie-eenheid. De uitdrukking in het woord van de waarheid van het geloof wordt ons niet kant en klaar gegeven, maar leeft in de Kerk en wordt bewaard in de Heilige Schrift. Die waarheid heeft een bijzondere verbale expressie nodig, een soort volmaakte geloofsbelijdenis die de Kerk van die waarheid heeft gemaakt, een belijdenis die werkt als een soort mantel of pantser, een harnas dat de waarheid beschermt tegen deformaties of een totale ontaarding, die de Kerk zou kunnen binnendringen en verduisteren. En net zoals de Kerk, door Gods handelen en de kracht van de eensgezinde gemeenschap der heiligen, tenslotte een perfecte kerkelijke omschrijving voortbrengt die de waarheid belijdt, - evenzo wordt in de schepping van de ikoon de gedachte niet altijd op een definitieve absolute onveranderbare manier uitgedrukt, maar wordt de ikoon door de werking van de genade en door spirituele kracht opgetild naar een hoger niveau, bekleed met een blijvende reinheid.

Een dergelijke verheffing en zuivering van het beeld kunnen we waarnemen bij de schepping van de ikoon van de Heilige Drie-eenheid, die een uiterst belangrijke dogmatische betekenis bezit en die ons op een toegankelijke manier een voorstelling geeft van God in drie personen.

Blijkbaar is de ikoon van de Heilige Drie-eenheid precies de ikoon zonder welke er geen volmaaktheid zou zijn bereikt. En het zou niet op een andere manier in al zijn volheid uitgedrukt kunnen worden dan in deze verschijning van de drie engelen, want in deze in zijn wezen diep symbolische ikoon worden voor zover dat mogelijk is alle drie personen van de Heilige Triniteit afgebeeld. En deze afbeelding van de Eerste Persoon, die misschien niet de volheid heeft zoals we die zien in de ikoon van de 'Oude van Dagen', wordt door zich te bevrijden van de logheid van een puur menselijk beeld voor zover dat denkbaar is een waardige afbeelding.

Het beeld van de Triniteit, dat het hele leven bezegelt, blijft niet op zichzelf. Want op dezelfde wijze waarop het eerste beeld het leven schonk aan talloze gelijksoortige beelden, evenzo bracht de ikoon van de Heilige Drie-eenheid vele heilige voorstellingen voort die er aan verwant zijn, die het trisolaire licht lijken te reflecteren en die de Trinitaire eenheid tot stand brengen. Bijvoorbeeld: de ikonen van de 'Drie Archistrategen', de 'Drie Heilige Hiërarchen', de 'Drie jongelingen in de oven', de ikoon van de drie martelaren, de ikoon van de 'Drie koningen die Christus komen aanbidden', en ook alle ikonen waarvoor weliswaar niet het getal drie geldt, maar die toch allemaal zijn ontstaan uit de bron van de glorie van één persoon in drie personen, vanuit het trisolaire licht van de Triniteit, die door dit licht te verspreiden overal vergelijkbare zaken doet ontstaan. Zo is er de ikoon van 'De nederdaling van de Heilige Geest', de ikoon van Pinksteren, die wel in het bijzonder is doordrongen en geheiligd door het licht van de Triniteit, want zij is immers de uitdrukking van de trinitaire organisatie van de Kerk.

Deze organiserende kracht van de Heilige Drie-eenheid, die, zoals de Heilige Basilius de Grote het zegt in de *Hexaméron*, staat aan de basis van het systeem van het universum, en raakt aan het hele leven. In die zin moet de ikoon van de Heilige Drie-eenheid in de Kerk haar meest complete en perfecte uitdrukking vinden, om zo te worden tot de bron van alle harmonie. Zo blijkt de ikoon van de Triniteit in de vorm van de drie engelen precies de meest volmaakte uitdrukking te zijn van de Heilige Drie-eenheid, binnen de grenzen van het toelaatbare.

We mogen het beeld van de Heilige Drie-eenheid niet op een directe of op een botte materiële manier opvatten. De grondslag die ons is gegeven door het Zevende Oecumenische Concilie, de grondslag die is uitgedrukt in de woorden: "De beeldverering gaat terug op het oerbeeld", die grondslag geldt ten volle en zelfs in een bijzonder licht voor de ikoon van de Heilige Drie-eenheid. Dit beeld is geschilderd om het bewustzijn te verruimen, om door te dringen tot het verstand en om ons aan te zetten tot schouwing van het licht van de Triniteit, en de ontwikkeling van deze ikoon leidt ons van het heel tastbare Oud-Testamentische gebeuren naar de geheel gezuiverde hemelse puurheid, vrij van aardse details. Dit beeld tilt ons intellect op naar ons hemelse vaderhuis, naar het koninkrijk van de Vader, de Zoon en de Heilige Geest. En het engelenkarakter van de drie personen van de Triniteit wordt voor ons een drijvende kracht, het helpt ons om op te klimmen tot die hoogte, om een toevlucht te vinden in die hemelse hoogte. Het engelenkarakter van de afbeelding brengt aan de beschouwer een lichtheid over die niet denkbaar zou zijn wanneer het een puur menselijk beeld zou zijn. En in feite zien we de voorstelling van de Heilige Drie-eenheid weergegeven in de vorm van de drie mannen, zoals die wel voorkwam in de vroegchristelijke periode, bijvoorbeeld op de mozaïeken in kerken in Rome en Ravenna, in latere tijden niet meer terug. De drie boodschappers hebben engelenvleugels gekregen met het doel hun onaardse karakter te onderstrepen en het Oud-Testamentische gebeuren te verheffen tot het beeld van de Triniteit, en dan niet in een alledaagse verschijning, maar in zijn oorspronkelijke wezen, bevrijd van alles wat tijdelijk en slechts verhalend is. Sedert de verschijning van de drie mannen aan Abraham heeft het bewustzijn zich verhoogd tot het schouwen van de engelen van het 'Grote Licht'.

Het is niet mogelijk om de Heilige Drie-eenheid als zodanig af te beelden, en voor zover de Kerk de afbeelding van de Heilige Drie-eenheid bezit en vereert, kan zij in geen geval worden vereerd alsof het God zelf betrof en men mag haar niet beschouwen als een afbeelding van de natuur van God. Maar men kan deze ikoon wel beschouwen als de diepste symbolische voorstelling. Alleen zo kan dit beeld perfect zijn. Slechts in deze symbolische betekenis van de ikoon van de Heilige Drie-eenheid is er verering mogelijk, want eigenlijk kan de echte Heilige Drie-eenheid niet worden afgebeeld. Het volle begrip van de Heilige Drie-eenheid is ons gegeven en geopenbaard in de kring van de apostelen door de uitstorting van de Heilige Geest die alles verlicht en slechts in dit licht en door die kracht van de Heilige Geest kan de Heilige Drie-eenheid worden vereerd en begrepen. Alleen in het licht van Pinksteren kon de ikoon van de Heilige Drie-eenheid ontstaan.

Deze ikoon kan alleen als een symbolische ikoon worden vereerd. Om het symbolische karakter van de gewijde afbeeldingen begrijpelijker te maken, zou het wenselijk zijn om zo mogelijk het gehele hoofdstuk te citeren uit het boek van de Heilige Johannes van Damascus *Een nauwkeurige uiteenzetting van het orthodoxe geloof* getiteld 'Over wat er over God gezegd kan worden op een lichamelijke manier'. Het hoofdstuk begint met de volgende omschrijving: 'Omdat er in de Heilige Schrift veel symbolische dingen over God op een lichamelijke manier worden beschreven, moeten we beseffen dat het ons, menselijke wezens in een vleselijk lichaam, niet mogelijk is te denken of te spreken over zaken en handelingen van een hogere immateriële goddelijkheid, tenzij we ons behelpen met beelden, gelijkenissen en symbolen die aansluiten bij onze eigen natuur... Daarom is hetgeen wat over God op een lichamelijke manier wordt gezegd, eigenlijk op een symbolische en op een hogere manier bedoeld, want de Goddelijkheid heeft nu eenmaal geen vorm." De Heilige Johannes van Damascus citeert vele voorbeelden van zulke symbolische omschrijvingen en afbeeldingen. "Opdat", zegt de heilige Damascener, "wij de ogen en de blik van God zouden begrijpen, evenals zijn macht, en hoe Hij alles beschouwt, en ook zijn kennis, waarvoor niets verborgen blijft. We moeten begrijpen dat we zo juist meer volkomen kennis en zekerheid zullen verkrijgen. Dat we begrijpen dat zijn oren en zijn gehoor zijn genegen tot barmhartigheid en welwillendheid wanneer Hij ons gebed verhoort. Dat we begrijpen dat Hij zelf met zijn mond en zijn woord ons duidelijk maakt wat onze diepste bedoelingen zijn. En, om het eenvoudig te zeggen, alles wat over God gezegd wordt op een lichamelijke manier heeft voor ons een bepaalde geheime bedoeling, die ons leert over de dingen die ons te boven gaan."

De woorden van de Heilige Johannes van Damascus geven ons een beter begrip van de kerkelijke symboliek. En daarmee komen wij ook tot een beter begrip van de heilige orthodoxe liturgie en iconografie en, meer in het algemeen, zelfs tot een beter begrip van de meest verborgen mystieke ervaring van de asceten (podvijnik) van de orthodoxe kerk. Alleen via deze symbolische taal van de Kerk is het denkbaar dat het menselijk bewustzijn het ondoorgrondelijke zou kunnen benaderen.

Een symbool is in zijn diepste betekenis een 'band'. Hoe moeten we dan het gebruik van symbolen in het leven van de Kerk opvatten, in het bijzonder wanneer het gaat om de gewijde voorstellingen, de door de Kerk vereerde ikonen?

De constructie van de wereld draagt reeds vanaf de schepping zelf, in Gods licht van alle tijden, deze symbolische natuur met zich mee, om preciezer te zijn: een symbolische organisatie. De wereld is zodanig geconstrueerd dat hij op een mysterieuze maar toch toegankelijke manier kan getuigen van Hem die de wereld schiep. Alles in deze geschapen wereld, elk schepsel dat zich erin bevindt, de vereniging van deze schepselen door de goddelijke macht, het gehele grandioze en ondoorgrondelijke systeem van het universum, dat alles draagt als een goddelijk zegel het merkteken van de goddelijkheid met zich mee. Zoals het koninklijk zegel getuigt van de wereld als koninkrijk. En als een zinnebeeldige voorstelling van God omvat dat de gehele schepping. Het maakt dat alle dingen die zijn geschapen in het systeem van het universum niet in zichzelf besloten blijven, niet geïsoleerd bestaan, maar zich als het ware volgens het eeuwige goddelijke plan met hun gelaat wenden tot Hem, die alles geschapen heeft door de Heilige Wijsheid, waarvan Psalm 104 spreekt: "Hoe talrijk zijn uw werken o HERE, Gij hebt ze alle met wijsheid gemaakt; de aarde is vol van uw schepselen." (Ps. 104:24)

De Heilige Basilius de Grote zegt in zijn *Hexaméron*: "De wereld is als een kunstwerk dat zich aan een ieder aanbiedt om te worden beschouwd, zodat we daardoor de Heilige Wijsheid van de Schepper kunnen leren kennen...;" en verder: "Laten wij de Kunstenaar die alles te boven gaat prijzen, die alles zo rijkelijk en virtuoos heeft geschapen. Vanuit de schoonheid van het zichtbare leren we Hem kennen die in schoonheid alles te boven gaat, en vanuit de luister van het zinnelijke en beperkte leren we Hem kennen, die oneindig is en het hoogst verheven in alle heerlijkheid. En de gehele wereld, opgebouwd uit heterogene delen, wordt door God verenigd door een bepaalde onverbrekelijke eenheid van liefde, in een unieke relatie, en een harmonische eenheid."

De Heilige Wijsheid van de schepping van de wereld bestaat hierin dat alles wat geschapen is zich richt naar de Schepper, het is alles een mysterieuze getuigenis, een allegorie, een gelijkenis van de Heilige en levende Triniteit die de wereld heeft geschapen. De hele schepping is bezegeld met het vuur van het pre-eeuwige plan en begiftigd met een bijzondere Goddelijke Gave, die spreekt van God. En die symbolische natuur van de schepping omvat de gehele wereld en al het geschapene wat daar in is, van de hoogste

Moeder Gods Hodigitria,　　　　*Christus Pantocrator*,
1966, 60 x 45 cm,　　　　　　　1966, 60 x 45 cm,
Tolleshunt Knights　　　　　　　Tolleshunt Knights

schepselen – de hypostatische engelenschaar en het menselijk geslacht – tot de meer nederige onwetende schepselen. Alle schepselen dragen dit volmaakte goddelijke zegel met een bijzondere glorie. Het is gedrukt op de hypostatische creaturen, op de engelen, als eerste uit God geboren, en op het laatste schepsel, dat het universum compleet maakt, de mens. In het boek Genesis wordt er op gewezen dat de mens reeds bij zijn schepping is begiftigd met het beeld en de gelijkenis van God.

3

Door de nederdaling van de Heilige Geest werd de Kerk met de glorie van de allerheiligste Triniteit vervuld. En deze glorie betekent voor de Kerk haar hele ademhaling, haar licht en heerlijkheid.

De volheid en diversiteit van de gaven van de Heilige Geest die met Pinksteren werden geschonken verenigen zich door de kracht van de werking van de Heilige Geest. Het hele bestaan van de Kerk wordt bevestigd door de Heilige Drie-eenheid, het is gebaseerd en groeit verder naar zijn beeld door een onaardse en onvergankelijke organisatie.

In het licht van de nederdaling van de Heilige Geest van Pinksteren zien we hoe fundamenteel de volmaakte theologie van de Heilige Drie-eenheid is. We zien zo dat de belijdenis ervan, niet alleen in het woord, maar ook in het spoor van zijn beeld, de hoeksteen van het geloof is. Want het beeld van de Heilige Drie-eenheid, geboren vanuit de kracht van deze theologie, is er de voltooiing van, het koninklijke zegel die deze belijdenis (van de Heilige Drie-eenheid) bekrachtigt. In verband daarmee kan dat beeld niet meer alleen maar relatief zijn, of voorlopig, of zonder fundamentele betekenis. Door het creëren van de iconografie van de Heilige Drie-eenheid, streeft de Kerk naar het scheppen van een zuiver en gaaf beeld dat de levende theologie van de Heilige Drie-eenheid zou zijn. En de ikoon van de Heilige Drie-eenheid neemt te midden van de andere ikonen een bijzonder belangrijke en kostbare plaats in.

De Kerk kent binnen haar iconografie vele uiteenlopende voorstellingen van de Heilige Drie-eenheid. Maar de ikoon die het eigenlijke feest van de Heilige Drie-eenheid bepaalt is onveranderlijk en altijd dezelfde: het is de afbeelding van de Heilige Drie-eenheid in de vorm van de drie engelen, waarvan het oerbeeld verscheen met de weergave van de Heilige Drie-eenheid in de vorm van de drie reizigers die op bezoek kwamen bij Abraham en Sara in het bos van Mamré aan de voet van de berg Khobar.

Dit beeld is al zeer ver terug in de oudheid ontstaan. De heilige Johannes van Damascus getuigt er reeds van dat deze afbeelding al lang voor zijn tijd bestond.

De epifanie (openbaring, verschijning) van de Triniteit draagt een mysterieus karakter, en is nog geenszins opgehelderd.

De verschijning van de boodschappers aan Abraham wordt zelf soms op een puur menselijke manier afgebeeld, in de vorm van de drie reizigers.

In de periode vóór het iconoclasme werden ze vaak zo afgebeeld. Zulke afbeeldingen van de Triniteit zijn nog te zien in de mozaïeken van Ravenna en in Rome in de kerk van Santa Maria Maggiore.

Blijkbaar is het juist dít beeld (de verschijning van de drie engelen), en niet een van de andere reeds bestaande afbeeldingen, dat onverbrekelijk in verband zou worden gebracht met het feest van de Heilige Drie-eenheid.

De Kerk heeft juist voor déze ikoon gekozen, en dus niet voor een andere ikoon met de voorstelling van de Heilige Drie-eenheid. En het is ook geen toevallige keuze, want we moeten aannemen dat deze keuze is gemaakt vanwege het feit dat deze ikoon op volmaakte wijze de geloofsbelijdenis van de Heilige Drie-eenheid uitdrukt en, zou men kunnen zeggen, er uit voort is gekomen.

Deze ikoon is door de Kerk ten diepste verbonden met de geloofsbelijdenis van de Heilige Drie-eenheid en met de gehele structuur van het gebed van de Kerk.

De eigenlijke iconografie draagt een dubbel karakter. Soms worden de drie engelen op geheel gelijkwaardige wijze afgebeeld, maar ook is de engel in het midden soms groter en majestueuzer dan de twee andere engelen. Er zijn diverse interpretaties gegeven aan de verschijning van de drie engelen aan Abraham. Zo is er een interpretatie die er van uitgaat dat de drie engelen een weergave waren van de tweede persoon van de Heilige Drie-eenheid, vergezeld door twee engelen die dan zouden staan voor de eerste en de derde hypostase. Anderen zien in de verschijning van de drie engelen de epifanie van de Heilige en bezielende Drie-eenheid zelf, in al zijn volmaaktheid en perfectie. En het is deze tweede opvatting die zich in de loop der eeuwen langzamerhand heeft gevestigd in de Kerk en die ook wordt bekrachtigd in de viering. Bij het afbeelden van de Heilige Drie-eenheid gaan de ikonenschilders uit van deze twee iconografische interpretaties en ook de ikoon van het feest wordt door deze twee opvattingen bepaald. Maar men heeft steeds geprobeerd deze twee, om zo te zeggen onverenigbare, interpretaties in de afbeelding van de Triniteit met elkaar te verzoenen. Men probeerde steeds de gelijkwaardige verheerlijking van de drie personen tot uitdrukking te brengen, zonder de bijzondere betekenis te kleineren die de middelste engel in de voorstelling ten deel was gevallen. Een dergelijke opvatting is het meest volmaakt en diepzinnig uitgedrukt in de ikoon die de Heilige Andrej Roebljov schilderde voor de Drievuldigheidskerk van het klooster van de Heilige Drie-eenheid en de heilige Sergej. Het 'Concilie van de Honderd Hoofdstukken' heeft de juistheid van het ontwerp van deze ikoon bekrachtigd als het correcte model waarnaar de ikoon van de Heilige Drievuldigheid moet worden geschilderd. Daarom zouden we hem moeten beschouwen als de ikoon die het meest volmaakt de betekenis van de verschijning van de drie engelen uitdrukt. Juist de compositie van de drie personen op de ikoon staat nauw in verband met de ordening die ingang heeft gevonden in de liturgische aanroeping, bij elk gebed en elke belijdenis aangaande de Heilige Drie-eenheid. Het is dezelfde volgorde die we terugvinden in de geloofsbelijdenis, en de volgorde van de woorden in het gebed tot de Heer: "Uw Naam worde geheiligd, Uw Koninkrijk kome, Uw wil geschiede."

Juist die compositie van de afbeelding heeft een diepe en verborgen relatie met de gebedsorde in de kerk en met de innerlijke beweging van het gebed. De contouren van de drie zittende en zegenende engelen, met de scepters in de hand, staan in een nauw verband met alle drietallige aanroepingen en alle liturgische lofprijzingen tot God en de Triniteit.

De hypostasen van de Heilige Drievuldigheid volgen de reeks waarin zij worden beleden in de Artikelen des geloofs. De eerste engel is de eerste hypostase, de hypostase van God de Vader, de tweede, de middelste, is de hypostase van de Zoon en die aan de rechterkant is de hypostase van de Heilige Geest. De drie engelen zegenen de kelk waarin het kalf werd geofferd en waarin het tot voedsel was bereid. Het brandoffer van het kalf is de prefiguratie van de kruisdood van de Heiland en wordt vaak op de ikoon afgebeeld in het benedengedeelte, terwijl het aanbieden van het kalf bij wijze van maaltijd het oerbeeld is van het mysterie van de eucharistie. De drie engelen dragen de scepters als teken van hun goddelijke macht. De eerste engel op het linkergedeelte van de ikoon is gekleed in een blauw onderkleed, symbolisch voor zijn goddelijke en hemelse natuur [overigens wordt de kleur blauw ook vaak geduid als de kleur van de aarde en rood wordt dan gezien als de hemelse kleur] en een lichtmauve bovenkleed, dat getuigt van de goddelijke ondoorgrondelijkheid en de koninklijke waardigheid van deze engel. Achter hem, boven zijn hoofd, verrijst een huis, de woning van Abraham en voor de woning bevindt zich een offeraltaar. Bij de interpretatie van deze ikoon heeft men aan de voorstelling van de woning een symbolische betekenis gegeven. Het huis werd geduid als het beeld van de gave van Gods genade. Het feit dat het gebouw boven het hoofd van de eerste engel is afgebeeld duidt erop dat hij er de leiding over heeft (in de betekenis van zijn vaderlijke natuur). Die vaderlijke autoriteit manifesteert zich in zijn hele voorkomen. Het hoofd van deze engel is nauwelijks gebogen, zijn torso en zijn blik zijn gericht op de twee andere engelen. Uit alles – zijn gelaatsuitdrukking, de houding van de handen en de manier waarop hij troont – blijkt zijn vaderlijke waardigheid. De twee andere engelen buigen hun hoofd en hebben de blik gericht op de eerste engel met diepe aandacht, alsof ze met elkaar spreken.

De tweede engel is in het midden van de ikoon geplaatst. Zijn centrale plaats wordt bepaald door de positie die hoort bij de tweede hypostase binnen het domein van de Heilige Drie-eenheid, binnen Gods voorbeschikte zorg voor de wereld. Boven zijn hoofd spreidt een eik of een terebint zijn takken. De kleding van de tweede engel komt overeen met de kleding waarmee de Heiland meestal wordt afgebeeld. Het onderkleed is van een donker purper, die de incarnatie symboliseert. De kleur blauw van de soepel plooiende chiton staat voor de goddelijke waardigheid, het hemelse karakter van zijn natuur. De engel neigt in een innig gesprek zijn hoofd en zijn lichaam naar de eerste engel. De boom die hem als het ware bekroont verwijst naar de levensboom die groeide midden in het paradijs en naar de boom van het kruis.

De engel rechts op de ikoon is de derde hypostase van de Heilige Drie-eenheid, de hypostase van de Heilige Geest. Het onderkleed van deze engel heeft een lichte transparante kleur blauw. Het bovenkleed heeft een wazige zachte lichtgroene kleur. Deze zachte lichtgroene kleur drukt de bezielende werking van de heilige Geest uit, het verbeeldt de onuitputtelijke en eeuwige bezieling van alle schepselen: "Door de Heilige Geest krijgt elke ziel nieuwe kracht en verheft zich en wordt verlicht tot het heilige mysterie door de zuiverheid en de Trinitaire eenheid." En het is precies deze verheffing door de zuiverheid die wordt uitgedrukt door de berg die zich verheft achter de derde engel.

In het feest van Pinksteren, met de uitstorting van de Heilige Geest, wordt de voleinding van Gods incarnatie geopenbaard. Dit feest is de openbaring van de drie personen van de Heilige Drie-eenheid en in die zin is de Triniteitsikoon de fundamentele uitbeelding van de drie personen. In de ikoon van de Allerheiligste Drievuldigheid vervaagt het idee van de geheel onvoorstelbare Eerste Persoon. Vergelijkbaar met de gouden cherubijnen boven de ark van het verbond, die ook geen afbreuk deden aan het verbod op de heilige afbeeldingen. Immers, dit door Mozes gegeven verbod was niet een verbod op zichzelf, een verbod dat elke afbeelding loochende, maar een onthoudingsmaatregel, om te vasten, een onthouding die niet volledig nuttig kan zijn of, om het preciezer uit te drukken, een onthouding van alles dat niet gepast is. De menswording van God, de 'beschrijfbaarheid' van God, is de lichtbron geworden die, door het licht naar alles om zich heen te verspreiden, alles in zijn zichtbare bestaan bevestigt. Het is de lichtbron die alles, zelfs het onvoorstelbare, tot op zekere hoogte, zichtbaar maakt. Slechts in het licht van de menswording van God wordt het mogelijk God de Vader af te beelden: "Wie Mij gezien heeft, heeft de vader gezien", ziehier het licht dat schijnt over het beeld van de Vader en het zichtbaar maakt. En in alle afbeeldingen van God de Vader wordt hiervan iets zichtbaar. Wij zien de voorstelling van de eerste hypostase niet in zijn volheid en ultieme helderheid op de fresco's van de kerken, en op de afbeeldingen van het kruis op de ikonen. En het is ook niet door zijn kracht, maar in zijn onderlinge afhankelijkheid ten opzichte van de andere personen van de Allerheiligste Drievuldigheid, dat we de uitdrukking van zijn genadevolle aanwezigheid en zijn reddend handelen in de wereld in de Kerk kunnen zien.

Pas in deze weergave van de Heilige Drie-eenheid wordt het beeld volmaakt toegankelijk. Alle drie personen bezitten een volmaakte menselijke waardigheid, zowel in de weergave van het gelaat als in de kleding. Ze zijn niet gekleed in sticharions, het ceremoniële gewaad van de engelen. De mouwen sluiten bij de polsen niet nauw aan, ze dragen geen ceintuur, maar ze zijn op een menselijke manier gekleed: als onderkleed een lang habijt - een tuniek, en daaroverheen een in soepele plooien vallend gewaad, - een chiton. Maar de vleugels zijn geheel beschilderd met gouden stralen en de manier waarop ze als pelgrims zijn weergegeven draagt het stempel van engelenglorie: hun kapsel, ja alles getuigt van de onaardse natuur van de drie boodschappers en alle drie zijn ze gekleed met dezelfde waardigheid, een waardigheid die niet voorkomt op andere voorstellingen van de Triniteit. En deze volmaaktheid bepaalt de verkiezing van deze ikoon, want alleen de persoonlijke hypostatische weergave kan een volmaakte ikoon zijn. Alleen het beeld met zo'n gezicht – een gelaat waarvan de menselijke gedaante door de goddelijke mutatie is verheerlijkt – alleen zo'n gelaat kan met recht een heilige ikoon zijn. Dat is het gegeven waarop alle ikonen hun fundament vinden, het is ons gegeven door de Heiland zelf toen Hij zijn gelaat op de Oubrous drukte, als de ikoon der ikonen, als de bron van alle heilige afbeeldingen.

Wij kunnen ons de gezichten van de engelen alleen maar voorstellen in een menselijke vorm. Om een voorbeeld te noemen: de afbeelding van de tronen in de vorm van vurige wielen zouden nooit een op zichzelf staande ikoon kunnen zijn. Net zo min als de symbolen van de evangelisten een autonome ikoon zouden kunnen zijn. De adelaar met het evangelieboek zou nooit de ikoon van de evangelist Johannes kunnen zijn, maar slechts zijn symbool. Niet meer dan een symbool, maar dus niet een ikoon op eigen kracht. Een symbool vergelijkbaar met de voorstelling van de duif als weergave van de Heilige Geest. Het meest bijzondere, het meest unieke aspect van de Drievuldigheidsikoon in de vorm van de drie engelen is juist gelegen in het feit dat de derde persoon van de Heilige Drie-eenheid – de Heilige Geest – hypostatisch net zo gelijkwaardig wordt weergegeven als de eerste en de tweede persoon van de Heilige Drie-eenheid en in de weergave de volmaaktheid van zowel het engelachtige als het menselijke bezit. Deze volheid in de representatie van alle drie de personen bepaalt juist het unieke dat het kenmerk is van het beeld van de Triniteit in de verschijning van de drie engelen. In alle andere voorstellingen wordt God de Heilige Geest niet op een persoonlijke manier uitgedrukt en wordt dus niet op een perfecte wijze weergegeven. Het beeld van de duif geeft ons weliswaar een bepaald allegorisch idee van de eigenschappen van de Heilige Geest, maar dat beeld kan voor ons niet zijn volmaakte ikoon zijn. Net zo min als de verschijning in de vorm van het licht of de wolken of vurige tongen zijn ikoon zouden kunnen zijn. Dat is het belangrijkste fundamentele argument waarom alle andere ikonen van de Triniteit, behalve dus de Triniteit in de verschijning van de drie engelen, uiteindelijk nooit het ultieme teken van de Heilige Drie-eenheid zouden kunnen worden.

Weliswaar hebben de engelen op de ikoon van de Triniteit menselijke trekken, maar we mogen dit 'menselijke' aspect niet opvatten als iets dat direct betrekking zou hebben op de natuur van de 'goddelijkheid'. Binnen de Kerk is er geen plaats voor een dergelijk opvatting, die een gnostische oorsprong heeft, en die steeds weer terugkeert. Het is een idee waar geen kerkelijke zegen op rust. De menselijke en waardige trekken van de engelen getuigen geenszins van een menselijke gelijkenis met Gods ondoorgrondelijke natuur. We moeten aannemen dat zo'n opvatting, die ooit buiten de Kerk van Christus is ontstaan, en die steeds weer opduikt, geen plaats zal krijgen binnen de zuivere en ware theologie van de kerkvaders. Het menselijke en engelachtige beeld van de Heilige Drie-eenheid is niet gebruikt omdat er in de goddelijke natuur iets menselijks zou bestaan, maar omdat zo'n voorstelbaar beeld ons is aangegeven door de verschijning van de drie engelen aan Abraham en we moeten aannemen dat juist dit beeld als symbolisch kan worden beschouwd. Alleen op deze manier zijn de drie personen voorstelbaar en de hele compositie van deze ikoon getuigt van de grote terughoudendheid en de extreme behoedzaamheid waarmee dit beeld is gecreëerd.

Het beeld van de Heilige Drie-eenheid wordt op de ikonostase in het midden geplaatst, boven de Koninklijke deuren, in het deel van de ikonostase dat bekend staat onder de naam *'senj'* ('ombre'=schaduw). Gewoonlijk bevindt de *senj* zich niet op hetzelfde niveau als de andere ikonen, maar enigszins op zichzelf, en naar de gewoonte wordt hij meestal voorzien van een bijzonder fijne en rijke versiering. Deze aparte positie in de totale structuur van de ikonostase in de *senj* geeft uitdrukking aan het heilige karakter, de uitzonderlijke verheffing. Het woord *senj* draagt deze betekenis al in zich. Het is de zegen die van boven komt, die neerdaalt en deze plaats heiligt, en die daarbij deze heilige plaats behoedt, en optreedt als beschermer. Het is als een niet door mensenhanden gemaakte *senj* (achéïropoiète), het archetype van alle hemelse bescherming, zoals de wolk der heerlijkheid die neerdaalde op de tabernakel en de ark des verbonds. Het is deze 'schaduw' – deze keer door mensenhanden gemaakt – die zich als de stralende cherubijnen buigt over het heiligdom. Twee koperen [sic>gouden] cherubijnen raken elkaar met hun vleugels en werpen zo als het ware een schaduw over de ark van het verbond en zo beschermen zij met hun uitgespreide vleugels de heilige ark. In latere tijden, in de tempel van Salomo, bevond zich boven het altaar waarvoor de priester de eredienst opdroeg een soort voorhang, opgehangen tussen de zuilen, dat het altaar overschaduwde. Dit voorhang, waarvan de oorsprong dus al wordt gevonden in het Oude Testament, behield ook in de christelijke kerken zijn plaats boven het altaar als een soort hemels gewelf. In het middelste gedeelte van deze voorhang wordt gewoonlijk de Heilige Drie-eenheid afgebeeld met de verschijning van de drie engelen, omsloten door een cirkel, maar Abraham en Sara zijn dan meestal niet weergegeven. Door zijn eenvoud en door de afwezigheid van secundaire elementen streeft deze afbeelding ernaar uitdrukking te geven aan de Heilige Drie-eenheid, niet zozeer als de verschijning aan Abraham maar – zou men kunnen zeggen – in zijn oorspronkelijke existentie. Het gewelf van de 'ombre' of ciborium (kivori), waarin de afbeelding van de Heilige Drie-eenheid was geplaatst, was een soort baldakijn, een 'hemels gewelf', boven het altaar. Later in de tijd, toen de afscheiding voor het altaar werd opgevuld met ikonen en zo veranderde in een ikonostase, ontstond er boven de Koninklijke deuren, onder de 'tiablo' (de dwarsbalk die de Deesisrij draagt) een apart gedeelte in de ikonostase dat ook de naam 'ombre' (senj') droeg. Deze 'ombre' boven de Koninklijke deuren van de ikonostase is nauw verbonden met de baldakijn die zich ooit boven het altaar bevond.

***

Het door het Concilie van de Honderd Hoofdstukken uitverkoren beeld van de Triniteit is dus niet verdwenen of vergeten. Het werd steeds meer een gemeenschappelijk erfgoed, een vreugde van de gemeente.

Nadat de Triniteitsikoon van Roebljov was ontdaan van de zwart geworden laag olifa en de latere opschriften, en nadat de versierende bedekkingen die het beeld aan het zicht onttrokken er van af waren gehaald, leek het wel of de ikoon achter de muren van de Kerk vandaan was gekomen. Op dit moment [tot 2022…] bevindt het paneel zich in een van de zalen van de Tretiakov Galerie in Moskou. De ikoon bevindt zich dus niet meer in de Triniteitskerk, maar lijkt zich nu te richten naar de mensen die zich veelal van de Kerk hebben afgewend. De Triniteitsikoon staat niet alleen dicht bij de mensen die de Kerk trouw zijn gebleven, maar dus ook dicht bij de mensen die haar hebben verlaten, en zelfs, hoe raar het ook lijkt, dicht bij de mensen die de Kerk vijandig gezind zijn. En daarin zien we de goede wil van de bezielende Triniteit zelf. Het is het goede nieuws dat de hele wereld leidt naar bron van het onuitputtelijke leven.

***

Het is mogelijk dat in de toekomst de kwestie van het afbeelden van de Triniteit opnieuw een onderwerp wordt waarover men conciliair zal beraadslagen en in het licht van de conciliaire besluiten zal men de orthodoxe iconografie van de Heilige Triniteit weer bepalen en vastleggen. In dit – eigenlijk onvolledige – artikel wil ik slechts mijn gedachten met u delen die bij mij zijn opgekomen aangaande het afbeelden van de Triniteit. Dit artikel is niet bedoeld als een wetenschappelijke studie en verkondigt geen onbetwistbare standpunten, maar stelt slechts de kwestie van de iconografie van de Heilige Drie-eenheid ter discussie, alsmede de kwesties die daarmee in verband staan, zoals het afbeelden van God de Vader en de Heilige Geest. Er valt niet aan te twijfelen dat deze kwesties, die in de visie van de Kerk nog niet helemaal zijn afgehandeld, geheel zullen worden opgehelderd en opgelost in een conciliair besluit van de Kerk.

Pinksteren,
fresco, Skit du Saint Esprit, Le Mesnil-Saint-Denis

V
DE DAG VAN DE HEILIGE DRIE-EENHEID. PINKSTEREN

Sinds de schepping van de wereld werkt de Heilige Geest in de Kerk op vele manieren: sprekend bij monde van de profeten, geconcipieerd in de boezem der profeten, de ark des Verbonds bedekkende met een wolk, zijn eeuwige licht schijnende op de berg Thabor, de Apostelen vervullende na de opstanding waarbij de Heiland sprak en zeide: "Ontvang de Heilige Geest. Als je iemand zijn zonden vergeeft, zijn ze vergeven; als je ze niet vergeeft, zijn ze niet vergeven." (Joh. 20:23). In dit gebeuren wordt de apostolische macht gegeven en hier ligt de kiem van de kerkelijke hiërarchie.

Waarin bestaat dus de gegeven belofte van de Hemelvaart die zijn vervulling vond op de dag van Pinksteren, wanneer de Heilige Geest reeds vanaf de schepping van de wereld het universum heeft bezield, voorgeschreven en georganiseerd? We moeten aannemen dat de meest complete uitleg daarvan, de meest oorspronkelijke en uitputtende, ons is gegeven in de *Handelingen der Apostelen*. Het is de uitleg die de apostel Petrus gaf aan het volk dat zich verbaasde over de gebeurtenissen. Wat er gebeurde was volgens het woord van de apostel Petrus de vervulling van de profetie van de profeet Joël: "Dit zal er gebeuren in de laatste dagen, zegt God: Ik zal over iedereen mijn geest uitstorten; uw zonen en dochters zullen profeteren [...] Ook op de dienstknechten en op de dienstmaagden zal Ik in die dagen mijn Geest uitstorten. Ik zal wonderen geven in de hemel en op de aarde, bloed en vuur en rookzuilen." Handelingen 2:17 en Joël 3:3 [>2:29-30].

Deze uitstorting van de Heilige Geest is de vervolmaking en de bekroning van de Kerk van Christus, men zou ook kunnen zeggen 'de koepel die de kerk bekroont bij de nederdaling van de Heilige Geest'. De hele Kerk wordt vervuld met de trinitaire glorie, die al werd voorzegd door de profeet Joël: "Ik zal wonderen geven in de hemel". Het is de mysterieuze representatie van de Triniteit. De nederdaling van de Heilige Geest is in de Kerk allesbepalend, maar we moeten deze nederdaling niet beschouwen als een soort unieke actie van de goddelijke voorzienigheid die de Kerk zou zijn gegeven als een soort voltooide ordening, als een soort heilige herinnering. We moeten de nederdaling van de Heilige Geest, die ooit op een bepaalde plaats en dag plaatsvond, opvatten als een voortdurend ingrijpend mysterie, als de ademhaling van de Kerk. Terwijl het op een bepaald moment is begonnen, is er geen einde. Het is als een hemelse stroming die de Kerk is binnengekomen, een stroming waarvan de wateren nooit zullen opdrogen.

De getuigenis in de Handelingen der Apostelen aangaande Pinksteren komen tot ons als een woordelijke getuigenis op grond waarvan we ons een voorstelling kunnen maken van het feest. Het vormt als het ware het oerbeeld van de ikoon van dit heilige gebeuren. De getuigenis van het feest, vastgelegd in de Schrift en bewaard door de kerkelijke traditie is voor ons de kiem, de basis, de geboorte van een ikoon. Dat kan men dus ook zeggen van de Pinksterikoon. De ikonen, die wat betreft hun iconografie niet identiek zijn, hebben wel de getuigenis in de *Handelingen der Apostelen* als bron.

Maar dat betekent niet dat de ikoon de bedoeling heeft om het gebeuren af te beelden als een soort exact objectief feitelijk verslag, als een soort spiegelbeeld van wat er precies is gebeurd. Het zou een grote vergissing zijn wanneer je in de ikoon zou gaan zoeken naar een dergelijke 'naturalistische' reproductie van wat er is gebeurd. Dan zou je de autonome waarde van de inhoud van de ikoon niet goed begrijpen. Het realisme van een ikoon is anders, het is niet de weergave van de gebeurtenis zoals een spiegel of een rustig wateroppervlak een object weerspiegelen. Maar de bedoeling is steeds de wezenlijke essentie van het voorgestelde weer te geven. Een ikoon is 'spiritueel' in de diepste betekenis van het woord en in die zin is de voornaamste inhoud ervan altijd profetisch. In de ikoon leeft een stichtelijk principe. Daarom zien de ikonen er ook niet altijd precies hetzelfde uit. Soms heeft de voorstelling van een feest geen unieke iconografie, zoals bijvoorbeeld de ikoon van de Opstanding. En het moet gezegd worden dat in het weergeven van een spirituele gebeurtenis het visualiseren altijd gebrekkig blijft, dat het uiteindelijk niet echt mogelijk is een volmaakte afbeelding te maken van wat ooit een gebeurtenis in de opbouw van de Kerk is geweest. De inhoud van al Gods handelen in de wereld is onbeperkt en onuitputtelijk en de ikonen zijn in het liturgische leven van de Kerk een onderdeel van de algemene liturgische inspanning om de feestelijke gebeurtenis in te prenten en als het ware opnieuw te beleven. Hierbij horen ook de toelichtingen van de kerkvaders en de geestelijke liederen: de troparions, kondakions en stichera, de odes van de kerkelijke canon en - wat vanuit het oogpunt van het liturgische leven de meeste autoriteit heeft - de getuigenis van de Schrift: het Evangelie en de Handelingen der apostelen. Juist het Evangelie en de Handelingen der apostelen zijn als liturgische getuigenis het meest compleet en fundamenteel. Zij geven ons een duidelijke verklaring voor het feest van Pinksteren.

Het Evangelie van de metten vertelt ons hoe de Heer na de opstanding de Heilige Geest aan de discipelen schonk. Daarbij werden de discipelen uitgezonden om te gaan prediken en ontvingen ze de apostolische gave "te binden en te ontbinden" (Matt. 16:19 en 18:18). Dit gebeuren is nauw verbonden met Pinksteren en schijnt eraan vooraf te gaan (Joh. 20: 19-23).

Het Evangelie van de liturgie heeft betrekking op 'Halfpinksteren' en kondigt in zijn essentie het Pinksterfeest aan. Het tweede Evangelie van de zondag gaat over het universele apostolische ambt en als voorbereiding daarop over de oproep om te gaan prediken en de gave te binden en te ontbinden. In die zin is er een nauwe band met Pinksteren, als het werk van Gods handelen dat het apostolische priesterambt tot een goed einde brengt (Joh. 7:37-52; 8:12).

Volgens de woorden van het *sticheron*: "Vandaag is de troostende Geest op al het vleselijke uitgestort want Hij is tot ons gekomen door de apostelen." Het tweede Evangelie bevat de profetische woorden van de Heiland met Halfpinksteren en toont ons de algehele uitstorting van de Heilige Geest die ons beloofd is: "Wie in mij gelooft, gelijk de Schrift zegt, stromen van levend water zullen uit zijn binnenste vloeien. Dit zei Hij van de Geest, welke zij, die tot geloof in Hem kwamen, ontvangen zouden"… (Joh. 7:38-39).

De hele opbouw van de eredienst spreekt van de vergadering, van de apostolische communie (Sobor), want juist dat feest is het fundament van de Kerk, het symbool van het geloof in de Kerk als een universele en apostolische gemeenschap (Sobornaja). En zou het voor zo'n feest niet mogelijk zijn dat apostolische karakter van de Kerk tot uitdrukking te brengen? De ikoon van Pinksteren, waarop slechts de twaalf apostelen zijn afgebeeld, wil die apostolische natuur van de Kerk tot uitdrukking brengen. Op die ikonen wordt niet de Moeder Gods afgebeeld.

Er bestaan in de Kerk ook Pinksterikonen waar te midden van de apostelen de Moeder Gods is afgebeeld, alsof ze de voorzitter is van de apostolische vergadering. Hoe is het mogelijk dat er twee soorten iconografie met elkaar verenigbaar zijn in de Orthodoxe Kerk?

Tot op de dag van vandaag is deze kwestie niet opgehelderd. De Kerk heeft beide mogelijke afbeeldingen geaccepteerd, maar van tijd tot tijd dringt zich toch de vraag op welke manier van afbeelden de beste is. De vraag betreffende de iconografie van de Pinksterikoon is van belang, omdat hij van zo'n grote betekenis is in vele andere ikonen. Wellicht zou de kwestie definitief kunnen worden opgelost door middel van een conciliaire beraadslaging. Kan de Moeder Gods hier inderdaad worden afgebeeld en wat is dan de betekenis van een dergelijke voorstelling?

Het schijnt dat de basis van deze tweede voorstelling het feest zelf is geweest, en de ontwijfelbare en onbetwistbare deelname van de Moeder Gods aan de bijeenkomst van de apostelen die de Heilige Geest ontvingen in de cenakel [de zaal van het laatste avondmaal]. Het is de gebeurtenis van de eerste oorspronkelijke ikoon die ook deze tweede voorstelling heeft bepaald. Wat is dus de betekenis van de participatie van de Moeder Gods aan het feest van de nederdaling van de Heilige Geest? Zou het erom gaan dat er niet getwijfeld kan worden aan de deelname van de Moeder Gods aan de verenigde vergadering in de cenakel? Inderdaad, de getuigenis van de Handelingen der apostelen en de traditie van de Kerk laten hierover geen twijfel bestaan. Bijna alle liturgische teksten bij dit feest gaan over de apostelen en over hun universele apostolische werk en spreken weinig over de Moeder Gods. Maar met welke reden is de Moeder Gods dan aanwezig geweest in de cenakel en heeft ze de Heilige Geest ontvangen bij het verschijnen van de vurige tongen? De Heilige Geest heeft het zelf zo gewild. Hij zegende de Moeder Gods bij de aankondiging van de geboorte, zoals de heilige Innocentius van Kherson het zegt: "En hoe zou het mogelijk zijn dat zij die door de Heilige Geest Moeder Gods werd niet aanwezig geweest zou zijn bij de komst van de Geest?" In dat gegeven is inderdaad een innerlijke noodzaak die is bepaald door de directe persoonlijke wil, door de autocratische beslissing van de Heilige Geest en de Heilige Drie-eenheid als geheel.

Waarom wordt daarover dan zo weinig gezegd in de eredienst en ook in het boek van de Handelingen der apostelen met alle verhalen over de relaties en het leven en werk van de apostelen? Ook hier wil ik de heilige Innocentius citeren: "Is deze resolute afstand tot alle glorie niet een mysterie?". De glorie van de Moeder Gods kan echter niet volkomen duidelijk worden gemaakt, het kan niet worden verklaard, net zo min als de glorie van het Goddelijke licht, zoals we ook geen grip kunnen krijgen op de Koninklijke volmaaktheid, de goddelijke waardigheid van de Moeder Gods. Het is ondenkbaar dat zij niet schitterde bij de plechtigheid van het feest van de Heilige Geest, het feest van de Heilige Drie-eenheid. Want wie onder de mensen is deze glorie meer waardig en wie onder de mensen zou zo volmaakt kunnen worden vervuld met de rijkdom van de gaven van de Heilige Geest, dan de Moeder Gods "eerbiedwaardiger dan de cherubijnen", de "Koningin der Hemelen", over wie een sticheron zegt: "indien zij het zou willen zou zij over goddelijke macht kunnen beschikken".

En we moeten geloven dat het feest van de Heilige Geest juist voor de Moeder Gods de volmaakte vervulling is geweest van de noodzakelijke gaven voor het ambt van de Kerk. De dienst van de Moeder Gods in de Kerk bevat en overstijgt tegelijkertijd elk ambt van de engelen, van de mensen en ook de bediening der apostelen. De Moeder Gods heeft in de Kerk een Koninklijke plaats. Op een mysterieuze wijze heeft de Moeder Gods, Koningin van hemel en aarde, veel gezag en het hoogste ambt over mensen en engelen. En op de ikonen waar de Moeder Gods wordt voorgesteld met de apostelen is ze afgebeeld in het midden, alsof ze het hoofd is van de apostolische bijeenkomst. De synaxis van de apostelen omringt de Moeder Gods alsof ze de hoeksteen van de vergadering is. Bijna altijd is de Moeder Gods apart gezeten op een troon en dat geeft haar waardigheid als koningin aan. Hoe zou het ook anders kunnen? In de sticherons van het feest wordt gezegd dat de Heilige Geest op de apostelen is neergedaald als 'op het hoogtepunt van de menselijkheid': zou het mogelijk zijn dat deze waardigheid, deze uitverkiezing zou worden onthouden aan de Moeder Gods? Zou het denkbaar zijn dat de Moeder Gods niet aan het hoofd van de bijeenkomst zou zijn gezeten? Het heeft er alle schijn van dat indien de Moeder Gods hier zou ontbreken, het feest niet compleet zou zijn.

Men kan zeggen dat de Heilige Geest in zijn heilzame zorg voor de wereld zich in de eerste plaats manifesteert als de Geest die "zijn oorsprong vindt bij de profeten". Zoals het Pinksterfeest het meest compleet en oorspronkelijk werd verklaard aan het volk door de apostel Petrus, vervuld door de Heilige Geest, toen hij erover sprak dat bij het einde der tijden de uitstorting van de Heilige Geest de Kerk zou vervullen met een overvloed van profetische gaven.

Vinden we het profetische karakter van de Kerk alleen in het Oude Testament? Is deze zienswijze onloochenbaar? Inderdaad leeft in het hele Oude Testament de hoop op de komst van de Christus en alle profetieën spreken van hem en het hele bestaan van Israël kondigt in gelijkenissen en symbolen de vervulling van deze belofte aan. Alles is een prefiguratie van de komst van Christus en getuigt, op een misschien wat raadselachtige wijze, van de tweede komst van Christus, van het oordeel en van het koninkrijk van de komende eeuw.

Het leven van de Kerk van het Oude Testament is als het ware geheel doordrongen van het mysterieuze onverklaarbare licht van de belofte van de komst van Christus. Alles schittert van binnenuit van de hoop en van de vervulling van de belofte en het hele gewijde leven van het Joodse volk kan zo beschouwd worden als de gewijde prefiguratie van de komst van Christus. Het licht van deze hoop, die schittert in Israël, heeft zich niet altijd staande gehouden, maar is doorgedrongen tot de duisternis van het heidendom en heeft ook daar getuigd van dezelfde beloofde vreugde, op een raadselachtige en beeldrijke manier. Dit licht van belofte, het licht van de werking van de Heilige Geest, ontsproten uit het hart van de profeten, was als het licht van het ochtendgloren, de zonsopgang die een grote dag aankondigde: de uitstorting van de Heilige Geest op de apostelen en de Moeder Gods.

Met Pinksteren wordt de Kerk van Christus vervuld met de Heilige Geest en als door een lichtende golf geheel bekleed met de gaven der profeten. Waaruit bestaat nu dat profetische leven van de Kerk, zoals ze is bekleed met het vuur en met de dauw van de Geest? Het door God gegeven Oude Testament heeft door de getuigenis der profeten de Kerk voorbereid op de komst van Christus. En deze profetie bestond niet alleen maar in een visioen van de toekomst, in een vooruitzicht van wat er zou gaan gebeuren, maar in de voorbereiding van de wereld op de begroeting van het aangekondigde gebeuren, en – zou men kunnen zeggen – in de voorbereiding van hetgeen daaraan voorafgaat. En deze gebeurtenis, de incarnatie van God, aangekondigd door het Oude Testament, is geschied.

Het lijkt erop dat de profetieën zijn vervuld en dat ze nu dus eigenlijk niet meer nodig zijn nu God mens is geworden. Waarom zien wij dus in het Pinksterfeest niet een vermindering, maar juist de vervolmaking van de Kerk door de vervulling van de profetische Geest? Volgens de omschrijving van de apostel Petrus voltrok zich hetgeen waarvan de profeet Joël getuigde. Wat is de zin van deze overvloed van de profetische Geest die ons is gegeven met Pinksteren, die niet langer de Kerk van het Oude Testament vervult, maar die van het Nieuwe Testament? De profetische Geest, die het leven schenkt, die beweegt, die met zijn adem de Kerk van het Nieuwe Testament vervult, is de hoop van de 'achtste dag', de hoop op de komst van Christus, de wederopstanding der doden, het oordeel en het leven van de komende eeuw. De Heilige Geest leidt de Kerk met majesteit naar dit komende koninkrijk. De profeet Joël getuigde van de uitstorting van de Heilige Geest toen hij dit gebeuren beschreef bij de komst van het einde der tijden. En zo ontstond de Kerk bij het feest van de nederdaling van de Heilige Geest, in deze eschatologische eindtijd, deze tijd van voltooiing. De Kerk werd bekleed met het vuur van de Geest, als voorbereiding op de ontmoeting met Christus. En alles in de Kerk werd vervuld met het licht, de prelude van de komende dag die nooit eindigt. De Kerk werd vervuld met een innerlijke bewogenheid en het leven van de Kerk ontving een onuitputtelijke kracht, de drager van het leven, die haar gehele organisatie, haar ontwikkeling en beweging doordringt en bepaalt. Zoals in een boom de vorm en de groei van het leven worden bepaald door de innerlijke gerichtheid naar het licht van boven, vanuit het duister waarin ooit het zaad werd gezaaid naar de hemel, zo is ook het gehele leven van de Kerk bepaald door de meeslepende kracht naar het licht van de komende eeuw en het koninkrijk der hemelen. En deze kracht, die in het hele universum nieuw leven brengt, is reeds een actieve kracht in de transfiguratie, reeds een soort onloochenbare en ontwijfelbare prelude van het leven van de komende eeuw, doorgedrongen in de wereld als het desem in het deeg.

Het eerste wat ons wordt geopenbaard bij de nederdaling van de Heilige Geest is de volheid van de kennis van God. In dit feest wordt de Kerk als het koninkrijk van de Vader, de Zoon en de Heilige Geest. En deze volheid van het begrijpen van God als één in drie personen en ook de volheid van de openbaring heeft de eigenlijke natuur van het feest bepaald. Het Pinksterfeest is het feest van de Heilige Drie-eenheid geworden. De hele omschrijving van de Kerk, zoals die ons is gegeven in de geloofsbelijdenis vastgesteld tijdens het Tweede Concilie van Constantinopel, de omschrijving van de Kerk als heilig, katholiek en apostolisch, getuigt van het karakter van de Kerk, zoals die definitief werd bepaald met Pinksteren.

De kerk is één geworden door de vurige tongen, zoals dat ook wordt uitgedrukt in de kondakion van het feest: "Toen Hij echter de tongen van vuur verdeelde, riep Hij ons allen tot eenheid. Laat ons daarom één van stem de Heilige Geest verheerlijken." Deze eenheid is aan de Kerk gegeven als een onwrikbaar geschenk en daarbij wordt eenieder opgeroepen tot die eenheid. In wezen is de Kerk één en onverbrekelijk. Zo is de Triniteit in zijn ondeelbare wezen de levensbron van de Kerk. Tegelijkertijd is deze eenheid een oproep, een prestatie, het leven waarmee de Kerk op weg is naar de glorie van het komende rijk. En deze wezenlijke eenheid van de Kerk is als een gave kostbare vaas die waakt over de heiligheid van de Kerk. De heiligheid van de Kerk gaat in vervulling en treedt in werking daar waar haar eenheid wordt bewaakt, in haar ongeschonden gaafheid. Zoals een vaas alleen maar kan worden gevuld met een vloeistof wanneer die vaas ongebroken is, zo kan ook de heiligheid slechts volkomen zijn daar waar de eenheid niet is beschadigd. En men zou kunnen zeggen dat wanneer de eenheid van de Kerk wordt vernield, dat dan ook het huis van God wordt vernield, de heilige woning van Gods aanwezigheid. En elke zonde die erop uit is deze eenheid van de Kerk te niet te doen is een vijand van de heiligheid van de Kerk en ontstaat in de eeuwige duisternis. Heidendom en schisma's in de Kerk vernielen het beeld van de Heilige Drie-eenheid, het beeld als de levensbron van de onverbrekelijke eenheid van de Kerk. En wat drukt er een zware verantwoordelijkheid op hen die zich niet volledig inzetten voor deze eenheid, die de eenheid niet liefhebben, of nog veel erger, die er vijandig tegenover staan. Deze eenheid, deze integriteit, deze samenkomst van velen, is niet een organische eenheid. De kracht van de kerkelijke eenheid is niet gelegen in een elementaire uniformiteit, maar in een eensgezindheid van vele verschillende delen, zoals de onverbrekelijke eenheid van de Heilige Drie-eenheid.

Bij de verdeling van de vurige tongen daalde de Heilige Geest ook neer op het hoofd van de Moeder Gods en op alle apostelen die zich hadden verzameld rond de cenakel, en – naar we mogen aannemen – ook op de vrouwen waarover in de Handelingen der apostelen wordt gesproken. En de doxologie, die door het goddelijke vuur als een boom begon te groeien, betekende niet de geboorte van een nieuwe universele taal, maar de eensgezindheid van vele door het vuur van de Heilige Geest gezuiverde en geheiligde talen. Hiervan is het veelzijdige karakter bewaard van de in eenheid samengekomen gaven. De veelheid wordt hier dus niet uitgedrukt in uniformiteit, maar in diversiteit. De bedoeling van deze veelheid aan gezegende talen is niet alleen praktisch. Zonder enige twijfel was de gave van de talen voor de apostelen een instrument voor het goede nieuws, een gave om hun apostolische dienst te kunnen vervullen, maar dat was niet de enige bedoeling ervan. De zegening van elke taal is ook de zegening van elk volk dat die taal spreekt. Het zegel van de Heilige Drie-eenheid is ook daar op gedrukt, en we moeten geloven dat de zegen niet slechts geldt voor onze tijd, maar ook voor de 'komende eeuw'.

Volgens het gebruik van de Kerk wordt in de liturgie van de paasnacht het Evangelie in verschillende talen gelezen. Dit gebruik getuigt ervan dat de diversiteit van de gave der talen een grote verscheidenheid aan talen teweeg bracht, voorgoed ontvangen en geheiligd met Pinksteren. De finale bekroning van deze gave is het Paasfeest, het feest dat in wezen de verwachting en de belofte betekent van de komende eeuw.

In deze polyfonie, deze veelstemmigheid, deze veelheid aan talen bij de bijeenkomst van de apostelen rond de cenakel, is de volheid van de goddelijke gaven geopenbaard die het universum hebben vervuld. Men zou kunnen zeggen dat niet alleen de cenakel, maar de hele wereld werd bezield door de Geest en in die diversiteit van de gaven werd het wezen van de kerkelijke eenheid bepaald en uitgedrukt met een ontwijfelbare helderheid. Men zou kunnen zeggen dat de belijdenis van de Kerk, zoals die is omschreven in de Geloofsbelijdenis van het Concilie van Nicea-Constantinopel, is geboren met Pinksteren en straalde van het trisolaire licht van dit feest. Trisolair, want op de dag van Pinksteren werd de Kerk bekleed met de trinitaire glorie, werd ze in wezen de reflectie, de afspiegeling van de Heilige Drie-eenheid. En slechts in het licht van de Heilige Drie-eenheid kan de eenheid van de Kerk worden begrepen. In de geloofsbelijdenis wordt deze eenheid omschreven als 'katholiek' (*Sobornoïe*, universele communie). Bij de verdeling van de vurige tongen werd zij als geheel geroepen bijeen te komen om met één stem de Heilige Geest te verheerlijken. Door deze katholieke natuur (universele communie) van de kerkelijke eenheid is de eigenlijke structuur van de Kerk bepaald, haar apostolische organisatie, die niet moet worden beschouwd als een soort suprematie, als de superieure wil van één persoon, maar als een harmonie van de wil van velen, verenigd door de trinitaire eenheid.

En de apostolische opvolging die de Heiland na de opstanding heeft gegeven, heeft een definitieve bevestiging ontvangen in het feest van de nederdaling van de Heilige Geest en is vervuld met de werkzame glorie en de volkomenheid van de spirituele actie.

Het principe van de hiërarchie, toevertrouwd aan de apostelen, schitterde bij het Pinkstergebeuren met een eeuwige zuiverheid en dit gezag van de apostelen bracht de mogelijkheid met zich mee om na handoplegging te worden uitgezonden en, door recht van opvolging door handoplegging van de bisschop. Zo wordt de hiërarchie doorgegeven en bewaard en heeft zijn werking in de Kerk als een soort doorgaande beweging, als een levende onuitputtelijke golfstroom.

In de oudste afbeeldingen zijn de hemelvaart en de nederdaling van de Heilige Geest met elkaar verbonden tot één geheel. Later kwam een dergelijke iconografie van het feest, dus gecombineerd met het andere feest, niet langer voor. Wellicht omdat een ikoon die op die manier is geschilderd niet een volwaardige liturgische plaats kan innemen. Maar de betekenis ervan en de theologische inhoud verliezen niet hun waarde.

De vereniging van de Moeder Gods met de apostelen, zoals we die hebben gezien in de Hemelvaart en het Pinksterfeest, is nog sterker aanwezig in de Ontslaping van de Moeder Gods, de laatste gebeurtenis uit het aardse leven van de Moeder Gods en de apostelen. Hier is die vereniging van de apostelen met de Moeder Gods op een ultieme en onweerlegbare manier uitgedrukt. De Moeder Gods heeft bij haar sterfbed de apostelen uit alle hoeken van de wereld om zich heen verzameld. Alle apostelen zijn door de Heilige Geest van de plaats waar zij aan het werk waren overgebracht naar Jeruzalem en samen hebben zij zich verenigd rond de Moeder Gods. Met de 'Onlichamelijke Machten' en met de vrouwen die apostolische ambten op zich hadden genomen, hebben ze de begrafenisrituelen uitgevoerd en hebben ze de baar met het lichaam van de Moeder Gods ten grave gedragen. Hier zie je heel duidelijk de innige verwantschap tussen de Moeder Gods en de apostelen, net zoals op de Olijfberg of de berg Sion, en in de cenakel met Pinksteren, vervuld van het vuur en de adem van de Heilige Geest. En ook in het latere leven van de Kerk is het moeilijk om je de handelingen van de apostelen voor te stellen zonder de participatie van de Moeder Gods. Het is ook onmogelijk om je de katholiciteit (de universele communie) van de Kerk voor te stellen zonder de deelname van de Moeder Gods. Zo is het ook ondenkbaar om de aanwezigheid van de Moeder Gods te ontkennen daar waar de katholieke natuur (de universele communie) zijn uitdrukking vindt, want het ambt van de Moeder Gods in de Kerk omvat alles. De Moeder Gods, als Koningin van hemel en aarde, kan niet ontbreken bij de minste actie van de Kerk, van engelen of van mensen. En geen enkele katholieke manifestatie van de Kerk (universele gemeenschap) zou compleet kunnen zijn zonder de zegening van de Moeder Gods. Ook daarom zou de bijeenkomst van de apostelen in de Cenakel op de dag van Pinksteren, vervuld met de apostolische natuur van de Kerk, niet compleet zijn geweest zonder de deelname van de Moeder Gods. Maar door de wil van de Heilige Geest was zij erbij aanwezig en had zij deel aan het feest en werd zij geheiligd door de ontvangst van de Heilige Geest en de nederdaling van de vurige tongen en door haar deelname heiligde zij het feest.

Geboorte van de Heilige Moeder Gods,
1950/60, 20 x 25,5 cm, Vanves

VI
DE GEBOORTE VAN DE HEILIGE MOEDER GODS

"Het is lang geleden, reeds voor de schepping van de wereld, dat de vleeswording van God was voorbestemd, maar pas bij de Zeer Heilige Moeder Gods was er een waardige plaats voor de incarnatie en pas toen kon de menswording van de Heer plaatsvinden."
Metropoliet Macarius van Moskou
"Dogmatische Theologie"

Met de Geboorte van de Moeder Gods vieren de Kerk en de kerkvaders het hoogtepunt van de gezegende samenkomst van de goddelijke natuur met de mens in de persoon van de in de eeuwigheid uitverkoren Maagd, geboren volgens Gods belofte.

De heilige Andreas van Kreta noemt het feest van de geboorte van de Maagd het begin van alle feesten, de poort die leidt naar de genade en de waarheid. Met de geboorte van de Moeder Gods, zegt Andreas van Kreta, is er een geïnspireerde tempel opgericht voor de schepper van alle dingen en het schepsel wordt voorbereid om voor de schepper een nieuwe goddelijke woning te zijn. De Kerk noemt de Moeder Gods ook wel 'het Purper van Christus', zij die 'het Woord zonder begin' met menselijkheid heeft bekleed, zoals een koning wordt gekleed in het purper van Koninklijke gewaden.

Wanneer we de ikoon van de Geboorte van de Moeder Gods vergelijken met de andere ikonen van de twaalf feesten, wordt onze aandacht , meer dan bij de andere twaalf feestikonen, getrokken door de aardse en menselijke structuur van deze voorstelling. Deze ikoon verschijnt niet aan ons als een soort zuiver symbolisch zegel van de gebeurtenis, als een soort stempel van de dogmatische inhoud van het feest, maar we zien er juist intieme trekken in, de ikoon is niet vrij van details van het gewone alledaagse leven. De ikoon van de Geboorte van de Moeder Gods lijkt ons te introduceren in de denkwereld van Joachim en Anna en maakt ons deelgenoot van een uiterst gelukkige gebeurtenis (de vervulling van een hoop van verscheidene jaren in afwachting van een kind, het einde van een periode van onvruchtbaarheid), de Geboorte van de Moeder Gods die het huis van Joachim en het hele universum heiligde.

De Geboorte van de Moeder Gods is de laatste voorbereiding van het menselijk geslacht om de goddelijkheid te ontvangen. Daarom is de ikoon vervuld van zo'n menselijke vreugde en lijkt het wel alsof er een subliem soort parfum uit opstijgt. Links op de ikoon is de heilige Anna afgebeeld. Haar gelaat drukt blijdschap uit. Rechts van haar bevinden zich de dienaressen die zorgen voor drinken en eten. Ze zijn zeer levendig weergegeven en verschijnen aan ons als een detail uit het dagelijkse leven van Joachim en Anna. Wat lager in het beeld, rechtsonder op de ikoon, zijn de vroedvrouwen afgebeeld, die het water in orde brengen om de nieuwgeborene te wassen. En al deze huiselijke details hebben een bepaalde betekenis, ze worden een deel van het heilige mysterie, ze zijn verbonden met het heilige gebeuren en ze laten zien dat alles bij deze heilige gebeurtenis belangrijk is en dat de meest bescheiden bijdrage aan dit gebeuren deel heeft aan de algemene glorie van het feest. In de Geboorte van de Moeder Gods worden zowel het gezinsleven als het dagelijks leven geheiligd, want in de geboorte worden ze de voorbereiding op de ontmoeting met de Grote Koning.

Tijdens de Grote Vespers, bij de lezing van de drie 'paremies' (* Genesis 28:10-17, Ezechiël 43:27-44:4, Spreuken 9:1-11), wordt de aandacht van de profeten in het Oude Testament tot uitdrukking gebracht voor de Geboorte van de Moeder Gods.

De eerste paremie is de droom van Jacob, waarin, volgens de uitleg van de Kerk, de Moeder Gods het symbolische archetype is in de vorm van de ladder die is opgericht naar de hemel, vanwaar de Heer zal neerkomen. In de tweede paremie wordt gesproken van de toren op de muur van Jeruzalem "en de igumen (abt) zal langs de deuren gaan en de deur zal dichtgaan". Dit is het beeld van de maagdelijkheid van de Moeder Gods van voor alle eeuwen. En de derde paremie is uit de Spreuken van Salomo die begint met de woorden: "De Wijsheid heeft haar huis gebouwd". Het door de Wijsheid gebouwde huis verwijst naar de Moeder Gods die de woning is geworden van de hypostatische Wijsheid – het Woord van God. En bij het herdenken van de Geboorte van de Moeder Gods wordt zij wel aangeduid als de Tempel van God, Gods Woning. Wat er bij de verering van de Moeder Gods altijd zal blijven bestaan is het feit dat zij voor eeuwig het meest zuivere en volmaakte beeld van de Kerk zal blijven.

Op de ikoon van het feest wordt de Moeder Gods meestal niet in het midden afgebeeld en neemt ze dus geen centrale plaats in. Maar ze wordt afgebeeld, of beter gezegd 'omhuld' in de armen van een vroedvrouw, of boven een bekken gevuld met water alvorens te worden gewassen. De weergave van de Moeder Gods op de feestikoon is in feite de belangrijkste, de meest veelzeggende voorstelling op de ikoon. Misschien is in die bescheidenheid in de weergave van de Moeder Gods wel uitgedrukt wat onveranderlijk in haar aanwezig was, de volmaakte lijdzaamheid.

De aankondiging aan de Moeder Gods,
18,5 x 24,5 cm

VII
DE AANKONDIGING
AAN DE MOEDER GODS

"Welke goddelijke lof zou ik U kunnen brengen,
hoe zou ik U moeten noemen?
Ik ben verward en bevreesd."

In de Aankondiging van de geboorte gaat het mysterie in vervulling dat al het menselijke begrip te boven gaat – de incarnatie, de menswording van God. In de tweede persoon van de Heilige Drie-eenheid wordt God in Zijn onbeschrijfelijke wezen geïncarneerd in de Maagd. Met het purper van het bloed van de Allerzuiverste wordt als het ware een teken geweven en voltrekt zich de menswording van God. Niet alleen heeft Hij daarmee het lichamelijke van de Allerzuiverste Maagd Maria aangenomen, maar ook de ziel en al het menselijke. Met de Annunciatie wordt er een begin gemaakt met het weven van het purper van het lichaam van Christus. De Annunciatie is de oorsprong van zijn menswording: het Woord is mens geworden met de door God de Vader uitgestorte Heilige Geest.

Zo heeft de gehele zeer glorierijke Triniteit in de Annunciatie de Moeder Gods 'overschaduwd'. Deze gebeurtenis waarbij de eeuwige Maagd werd vereerd met de visitatie van de Heilige Triniteit, doet op geen enkele wijze onder voor de visitatie aan Abraham in het bos van Mamré, maar is zelfs van nog grotere betekenis. De redding der mensheid gaat in vervulling op het moment dat er een vrouw is gevonden die waardig is het goddelijke vuur te dragen, in plaats van er door te worden verteerd. De onbrandbare braambos werd zo het symbolische beeld van de Moeder Gods, die bij de Annunciatie het vuur ontving dat in alles het goddelijke doet ontbranden.

Het gehele menselijke geslacht werd beproefd, en er werd geen enkele vrouw waardig bevonden om de goddelijkheid te kunnen dragen, behalve de eeuwige Maagd Maria, die, hoewel ze behoorde tot het gevallen menselijke geslacht, volgens de kerk toch 'zonder zonde' is gebleven. De Aankondiging door de aartsengel betekende voor de eeuwige Maagd ook de uiteindelijke test en in haar persoon de test voor het gehele menselijke geslacht. En in zekere zin was het heil van de mensheid afhankelijk van de bereidheid van de Moeder Gods om ten volle te gehoorzamen aan Gods wil zoals die haar werd verkondigd door de Aartsengel. Zo leidde de gouden ketting van alle profetieën en Oudtestamentische beloftes naar de Annunciatie.

De mysterieuze beelden van de Oudtestamentische profetische visioenen getuigen van de Aankondiging. Ook predicaties en vage profetische visioenen in de heidense wereld voorzegden de Annunciatie. En in de Moeder Gods komt al het menselijk streven om bij te dragen aan Gods plan samen, als de kern van Gods plan tot heil van de wereld. Heel het lot van het menselijk geslacht was besloten in het antwoord dat Maria, de eeuwige Maagd, zou geven aan de aartsengel Gabriël, die was uitgezonden om het goede nieuws aan te kondigen en om het besluit van de Moeder Gods te vernemen.

De Heilige Geest, die door zijn nederdaling de vleeswording van Gods Woord bepaalde, werd zo de vervulling van het hele Oude Testament, van het hele oudtestamentische leven van Israël met de profetieën van de incarnatie van de Zoon van God door de Maagd. Eén van de meest magnifieke profetieën is wellicht dit woord van de profeet Jesaja: "Uw jonge vrouw is zwanger, zij zal een zoon ter wereld brengen en hem Immanuël 'God-met-ons' noemen". Jesaja 7:14.

Volgens de traditie van de Kerk heeft de Moeder Gods het boek Jesaja gelezen, en juist over deze profetie dacht zij diep na en overwoog zij deze woorden op het moment dat de aartsengel Gabriel haar bezocht en haar het Goede Nieuws aankondigde. En op de ikonen van de Annunciatie, hoewel niet in alle gevallen, is het boek van het Oude Testament afgebeeld op de plaats van deze profetie. En het Oude Testament spreekt niet alleen over het mysterie van de incarnatie van God door de Maagd in de woorden van de profeten, maar ook in de vorm van een groot aantal mysterieuze archetypen, van ongeëvenaarde schoonheid, en die het oudtestamentische Israël bewieroken: de brandende doornstruik die niet wordt verteerd door het vuur; de hemelse dauw op de Vacht van Gideon en de gouden kruik met het hemelse manna (Hebreeën 9:4); de troon van Salomo; de kandelaar en een aantal andere archetypen. Het hele Oude Testament ademt op een mysterieuze wijze het voorgevoel van de komende lente van de incarnatie van het Woord van voor alle tijden door de Maagd. En dit voorgevoel is vervuld met een eeuwig licht. Vreemd genoeg hebben deze oerbeelden die vooraf gaan aan de Annunciatie niet alleen altijd hun kracht behouden, zijn ze altijd blijven bestaan, maar zijn ze nog steeds vervuld van leven, ze zijn als het ware de lentelucht van de Kerk geworden, de voeding van de Moeder Gods.

Op de ikonen van de Annunciatie wordt de Moeder Gods staande afgebeeld, in gesprek met de aartsengel, en soms zittende op een troon. Die troon ziet er heel gewoon uit, maar krijgt, zoals alles op ikonen, een symbolische betekenis. Het is geen gewone troon, maar de troon van de glorie die geheel is geheiligd door de gouden stralen van goddelijke krachten. Zowel de voetenbank als de troon zijn versierd met gouden stralen. Hier wordt geen afbreuk gedaan aan de Koninklijke waardigheid van de Moeder Gods, maar wordt die juist in alle helderheid weergegeven en hier wordt ons de onaardse natuur van deze Koninklijke waardigheid geopenbaard. En het zou ook niet mogelijk zijn om iets af te doen aan de waardigheid van de Moeder Gods, die was voorbestemd om de troon te worden van het Woord van voor alle tijden en draagmoeder te zijn van het lichaam van de goddelijkheid door het purper van zijn bloed.

Terwijl de Moeder Gods de aartsengel ontvangt is ze bezig met het spinnewiel en houdt ze een rode draad vast. Volgens de traditie doet de Moeder Gods het werk dat haar was opgedragen door de priesters van de tempel van Jeruzalem. De Moeder Gods weeft het rode altaarkleed en dit zegt op een mysterieuze manier iets over het feit dat de Allerzuiverste Maagd is uitverkozen om de heilige plaats te bekleden, van de goddelijkheid, van het purper van de vrucht van haar schoot.

Op sommige ikonen is de aartsengel afgebeeld alsof hij niet stevig op de grond staat, maar meer alsof hij de aarde slechts even met zijn voet aanraakt. De hand van de aartsengel is opgeheven als teken van begroeting en de vingers van de hand maken een zegenend gebaar. Één vleugel van de aartsengel is uitgespreid, de andere is opgeheven als teken van begroeting. Dit symbolische gebaar heeft een plaats gekregen in de structuur van de liturgie en wordt voltrokken door de diaken bij de lezing van de litanie. De diaken houdt met zijn rechterhand de ster omhoog, en beeldt daarmee de opgeheven vleugel van de aartsengel uit als teken van begroeting en verering.

In de Joodse berekeningen voor de bepaling en de herdenking van het begin van het jaar, werd de maand Aviv (maart), net zoals de herfstmaand september, beschouwd als begin van het liturgische jaar, de eerste maand van het jaar. In deze maand herdenkt men de exodus van het Joodse volk uit Egypte. Dit herdenken heeft in het Nieuwe Testament niet zijn betekenis verloren, maar heeft een nog grotere betekenis gekregen. Er zijn christelijke schrijvers die de schepping van de wereld dateren in de maand maart en volgens de Kerk is het ongetwijfeld in die maand gebeurd dat de nieuwe wereld werd geschapen – de Annunciatie van Gods Woord aan de Maagd Maria. In die maand daalde God af van de troon van Zijn hemelse heerlijkheid naar de aarde, zoals de dauw op de schapenvacht, door de Annunciatie van de aartsengel in de schoot van de Allerzuiverste Maagd Maria, gezegend vóór alle eeuwen, en werd op ondoorgrondelijke wijze mens door de Maagd Maria.

De maand Aviv, die werd gevierd door de oudtestamentische Kerk, was als het ware het voorgevoel en het archetype van de grote vernieuwing van de wereld. Zo is het Woord van God vlees geworden, en heeft al het menselijke te danken aan de Maagd Maria.

De geboorte van Christus,
1956/57, 18 x 23 cm, Clamart

VIII
DE GEBOORTE VAN CHRISTUS

*"Die voor ons, mensen, en omwille van
ons heil uit de hemel is neergedaald."*

Het feest van de Geboorte van Christus is ontstaan bij het begin van het christendom, waarschijnlijk al in de tijd van de apostelen. In de apostolische reglementen wordt de aanbeveling gedaan om het feest van Christus' Geboortedag te vieren op 25 december en men signaleert het belang van dit feest voor de Kerk.

"Neem de feestdagen in acht, broeders, in de eerste plaats de dag van Christus' Geboorte."

Deze bijzonder oude herdenking van de Geboorte van Christus is niet veel later door de heilige Johannes Chrysostomos getypeerd met de volgende woorden: "Degene die dit feest de moeder van alle feesten zou noemen, zou ik geen ongelijk geven…"

Het feest van de Geboorte van Christus staat aan het begin van alle andere feesten, zoals verschillende stromen ontspringen uit één bron. Het is alsof met de Geboorte van Christus de wereld opnieuw geschapen wordt. De herdenking van de vleeswording van het Woord van God wordt een hoeksteen. De belijdenis van de vleeswording van God maakt op een mysterieuze manier scheiding tussen licht en donker. De heilige Johannes omschreef het als volgt:

"Iedere geest, die belijdt, dat Jezus Christus in het vlees gekomen is, is uit God; en iedere geest, die Jezus niet belijdt, is niet uit God. En dit is de geest van de antichrist" (1 Joh. 4:2 en 3).

De tijd die voorafging aan de Geboorte van Christus was vervuld van een diepe bezorgdheid. In alles voorvoelde men de ondergang van een solide structuur. In de eeuwen die voorafgingen aan de incarnatie van God bevonden de volkeren zich in een voortdurende beweging. Het heterogene culturele erfgoed van de verschillende volkeren begon zich te mengen. De culturen van de verschillende volkeren drongen bij elkaar naar binnen, beïnvloedden elkaar, veranderden elkaar en gingen als het ware in elkaar op.

De wereld vóór de vleeswording van het Woord van God deed denken aan een vochtige omgeploegde akker, vruchtbaar gemaakt door bemesting, die het zaad wenst te ontvangen van het eeuwige leven – het begin van de komende Eeuw.

Het beeld van de Geboorte van Christus schuilt reeds op een raadselachtige manier in de droom van Nebukadnezar, die werd uitgelegd door de profeet Daniël (Daniël 2). De steen die zich heeft losgemaakt van de berg, zonder toedoen van mensenhanden, en die het grote afgodsbeeld heeft verbrijzeld, is het symbool van de Geboorte van Christus. En men zou kunnen zeggen dat de Heiland op de ikoon van de Geboorte een uiterlijke gelijkenis vertoont met de steen die de verschrikkelijke menselijke hoogmoed in de vorm van dat afgodsbeeld heeft overwonnen en verbrijzeld. Het kind wordt meestal afgebeeld in het midden van de ikoon, gewikkeld in doeken, en heel klein. Meestal is de Heiland de figuur die op de ikoon in verhouding het allerkleinste is weergegeven, terwijl het toch gaat om de ikoon van de Heer – de ikoon van Christus. De Heiland op de ikoon neemt de Koninklijke plaats in van de Heer. De Moeder Gods is meestal als de grootste figuur op de ikoon afgebeeld en daarmee wordt de profetie weerspiegeld die werd verkondigd in de door Daniël uitgelegde droom van Nebukadnezar. Het beeld van de berg en de steen die zich had losgemaakt van de berg, zonder toedoen van mensenhanden, is het visioen van de eeuwige maagdelijkheid van de Moeder Gods. Door het mysterie van de kleinheid van de Heiland die de nederigheid van de doeken in de kribbe accepteerde is het menselijk geslacht gered van het gif van de hoogmoed dat door de satan in het 'oor van Eva' was gefluisterd. Alle menselijke hovaardij, die was ontstaan met de hoogmoed van de gevallen satan, heeft met de Geboorte van Christus zijn aantrekkingskracht, zijn schijnbare glorie verloren. De profetie in de lofzang van de Moeder Gods is in vervulling gegaan: "Hij heeft machtigen van de troon gestort en eenvoudigen verhoogd." (Luc. 1:52). De ikoon van de Geboorte van Christus is het beeld van de eeuwige glorie, de vrijwillige nederigheid van Christus. Alle hoofdlijnen van de ikoon, de hele compositie, getuigen ervan. De ikoon bezegelt met zijn contouren als het ware de diepere betekenis van het feest en geeft zo uitdrukking aan de glorie van de nederigheid van Christus, die uit vrije wil mens is geworden.

Het lijkt erop dat ook de steen die David met zijn slinger wierp naar de reus Goliath en die zo de sterke arrogante Filistijn velde, de omverwerping van de hovaardigheid door de geboorte van Christus prefigureert.

En misschien getuigt ook wel het beeld van het mosterdzaadje - waarover in het Evangelie de Heiland zelf spreekt in de gelijkenis van het koninkrijk der hemelen – van het Christuskind, zoals het daar lag in de grot, als in de schoot der aarde.

Wanneer eenmaal het mosterdzaadje, geringer dan alle andere zaden, in de aarde is gezaaid, zal het uitgroeien tot een grote boom. Men kan zeggen dat de Christus, als het geïncarneerde koninkrijk der hemelen, het levende Jeruzalem, ook een mosterdzaadje is, een zaadje dat is gezaaid in de donkere schoot van de aarde, en daar is ontloken vanuit een grot, diep in de aarde. Het feit dat hij door de Moeder Gods zelf niet werd neergelegd in een of ander huis, ook niet op de grond, maar juist in een grot, een spelonk diep in de aarde, dat feit heeft de schoot der aarde geheiligd, en 'gezouten', en zo ontving de aarde een nieuw, tot op dat moment onbekend leven. Op de Geboorte-ikoon wordt de grot gewoonlijk simpel afgebeeld. Er wordt geen enkele poging gedaan om bijzondere details weer te geven of een bepaalde belichting, maar de spelonk wordt weergegeven als een diepzwarte holte, als de geopende mond van de aarde, en dat diepzwarte wordt door niets genuanceerd. En dat diepe zwart staat in sterk contrast met het licht van de Heiland, met de stralenkrans om zijn hoofd en met het helderwit van de doeken waarin de Moeder Gods hem heeft gewikkeld.

Op de Geboorte-ikoon wordt de aarde niet afgebeeld als een egaal effen vlak, nee, het ziet er heel druk uit, met uitsteeksels, toppen en kuilen. De oneffenheden doen zelfs denken aan de golven van de zee. En dat oneffen bergachtige karakter van het aardoppervlak getuigt niet alleen maar van het heuvelachtige bergachtige terrein dat zich bevond bij Bethlehem, maar heeft ook een andere, meer algemene, geheime betekenis. Het is alsof de aarde wist van het bezoek. Alsof zij Christus antwoord gaf door alles tot leven te brengen en in beweging te zetten. Als een deeg begon zij te gisten omdat zij een voorgevoel had van het gist van het eeuwige leven. En die oneffenheden in het aardoppervlak om de grot, zijn niet leeg, maar vol van bezieling en vreugde. Meestal worden op de Geboorte-ikoon ook de engelen, de wijzen en de herders afgebeeld. De engelen als eerste getuigen en verkondigers van het Goede Nieuws van de geboorte van Christus; de magiërs en de herders als het menselijk geslacht dat geroepen is om de Christus te aanbidden. De wijzen en de herders vormen niet een op zichzelf staande groep (*'synaxis'*) en staan ook niet dicht bij elkaar.

De herders stellen het uitverkoren Joodse volk voor. De hemel is voor hen opengegaan en de synaxis van de engelen, die God lof toezingen, is zichtbaar geworden. Ze zijn geroepen om Christus te gaan aanbidden in naam van geheel Israël. Zij hebben direct van de engelen het Goede Nieuws vernomen. De wijzen vertegenwoordigen de elite van de heidense wereld. Zij hebben de betekenis van de Geboorte van Christus begrepen. Het was niet eenvoudig om tot dat inzicht te komen. Zij hebben een zeer moeilijke gecompliceerde weg af moeten leggen, en zij aanbidden de Christus dus niet op een plaats bij hun in de buurt, maar zij komen van ver, volgens de traditie van de Kerk helemaal uit Perzië. De weg werd hun gewezen door een ster en was moeilijk en lang. Zij hadden het niet van de engelen gehoord, maar zij werden op de hoogte gebracht en geleid door de verschijning van de ster, hoewel dit niet helemaal geopenbaard wordt. Zo zegt de heilige Johannes Chrysostomus erover dat de ster die de koningen naar Bethlehem begeleidde niet zomaar een ster was, maar een engel die net zo als een ster stralend licht gaf en die zo de koningen uit het oosten begeleidde opdat zij de Christus zouden kunnen aanbidden.

Het Goede Nieuws, het Evangelie, is net zo verscheiden als de twee verschillende wegen van de herders en de wijzen uit het oosten en ze worden verenigd en samengebracht door Christus Immanuël die ze kwamen aanbidden, net zoals twee muren van een gebouw bij elkaar komen bij de hoeksteen, en waarop de gehele constructie is gebaseerd. De hoeksteen, zonder welke de twee muren zich nooit zouden kunnen verenigen tot één gebouw. Dat idee wordt op de ikonen van de Geboorte van Christus heel duidelijk uitgedrukt. De wijzen die komen aanbidden vormen een aparte groep, die zich niet mengt met de herders. Ook de herders worden apart afgebeeld, terwijl ze luisteren naar de engelen. Bovenin de ikoon, boven de grot, is de ster afgebeeld, die de koningen naar de aanbidding van Christus leidde. De ster wordt op een bijzondere manier afgebeeld, alsof ze gestuurd is om precies hier boven de grot te blijven staan. Ze wordt niet terzijde afgebeeld, maar alsof ze afkomstig is uit de hemelse sfeer bovenin de ikoon. Het symbool van de ster van Bethlehem is niet alleen bewaard gebleven in de Geboorte-ikoon, maar zeker ook in de eredienst. Tijdens de proskomidie [=offergaven] plaatst men over de diskos (de pateen) met het gewijde brood (prosfora, het lam) de 'asteriskos'. Deze asteriskos symboliseert de ster die stilstond boven het Christuskind in de kribbe. En de kandelaar die men op kerstavond de kerk binnen draagt en in het midden neerzet symboliseert eveneens de ster van de Geboorte.

Wellicht speelt de ster deze rol in het Kerstfeest omdat ze het mysterieuze oerbeeld is van Christus waarvan de Apocalyps getuigt: "Ik ben de wortel en het geslacht van David, de blinkende morgenster."

Op de Geboorte-ikoon wordt Jozef, de verloofde van de Maagd meestal afgebeeld in gebogen houding, bedroefd, gekweld door twijfel vanwege het feit dat hij het mysterie van de maagdelijke Geboorte niet kan bevatten. Voor hem staat een demon die eruit ziet als een oude herder, die Jozef nog verder in verwarring probeert te brengen. Voor vele Geboorte-ikonen is het kenmerkend dat de Moeder Gods haar blik niet heeft gericht op de Heiland, maar dat zij zich wendt tot Jozef, en haar gezicht drukt daarbij begrip uit en diepe droefheid. Het lijkt erop dat de Moeder Gods alles zou willen doen om Jozef te helpen en in die bezorgdheid manifesteert zich reeds het ambt van de Moeder Gods als koningin der hemelen, als middelares van het menselijk geslacht, medelijdend met de smart van de mensheid.

De opdracht van Jezus in de tempel,
1966, 40 x 60 cm, Chevetogne

IX
DE OPDRACHT VAN JEZUS IN DE TEMPEL

De Opdracht van Jezus in de tempel is onze ontmoeting met God, gepersonifieerd door de grijsaard Simeon. De hoop die hij uitsprak in zijn 'gebed' is de vervulling van het hele Oude Testament. Simeon, de grijsaard die een extreem hoge leeftijd had bereikt, was aan het eind van zijn leven getuige van de dag van het bezoek van de Heer, ontving God zelf in zijn armen, vandaar de betekenis van zijn naam 'God heeft ons verhoord'. Hij heeft geleefd totdat zijn verwachting in vervulling ging, tot het moment dat hij Israëls troost – Christus Immanuël – in zijn armen kon houden.

De oude Simeon, die volgens de traditie priester in de tempel van Jeruzalem was, en die vanwege zijn ongeloof was veroordeeld om zo extreem oud te worden juist opdat hij zo de zekerheid zou verkrijgen over de komst van de Christus, heeft dus uiteindelijk zijn verwachting in vervulling zien gaan, en heeft de Christus gezien en in zijn armen gehouden. En het feest van de Opdracht in de tempel en de ikoon van het feest, geven in wezen uitdrukking aan de vreugde over de vervulling van de oudtestamentische beloftes aangaande de komst van de Heiland. En in Simeon komt als het ware de hele oudtestamentische vroomheid samen en de hunkering van het Joodse volk om de Messias te ontmoeten. Alleen aan Simeon was voorzegd dat hij de dood niet zou zien, alvorens hij met zijn eigen ogen de Christus had gezien. En zijn verwachting werd vervuld toen hij de Heiland ontmoette, acht dagen na de geboorte, toen Hij door zijn Moeder en Jozef naar de tempel werd gebracht voor de besnijdenis. Op de ikoon is de oude Simeon afgebeeld met de Heiland in zijn armen. De lijnen waarmee de grijsaard is getekend drukken in het gebaar waarmee hij de Heer vasthoudt als het ware de vervulling uit van alle oudtestamentische verwachtingen.

Hij heeft zich helemaal gebogen over het goddelijk kind. Alle lijnen van het lichaam van Simeon zijn gericht op de Heiland. De lijnen van zijn lichaam zijn zo gebogen alsof ze een vergaarbak willen vormen voor de te ontvangen Genade. De handen van de grijsaard, die deemoedig zijn bedekt door een slip van zijn kleed, houden zich als een troon gereed voor de Heiland.

De Heiland is zittend op de armen van Simeon weergegeven, niet als een gewoon klein kind, maar als een goddelijk kind van acht dagen oud zittend op een troon. De rechterhand van Christus zegent Simeon die zich naar hem toebuigt, de linkerhand houdt een papierrol vast die de zonden vergeeft. Op deze ikoon is de Heiland zo afgebeeld dat hij zijn blik niet gericht heeft naar de Moeder, maar naar Simeon en in deze beweging van het hoofd van Christus wordt Zijn opdracht gekarakteriseerd. Datzelfde karakter komen we weer tegen wanneer de twaalfjarige Christus op de dag van 'Halfpinksteren' in gesprek gaat met de priesters in de tempel van Jeruzalem en zich afwendt van zijn Moeder. En die 'afwijzing' van zijn familie wordt door de hele compositie van de ikoon onderstreept, door de hele indeling van de taferelen.

Het centrum van de ikoon wordt niet ingenomen door een menselijke voorstelling, maar door een altaar, bekroond door een baldakijn op steunpilaren. En het altaar en de steunpilaren van het baldakijn lijken de ikoon in twee helften te verdelen. Op de ene helft zijn de Moeder Gods en Jozef, de verloofde van de Maagd, afgebeeld. Aan de andere kant staan Simeon en de profetes Anna die Christus komen begroeten. De verloofde Jozef heeft twee duiven in zijn handen, als tempeloffer bij de ceremonie van de besnijdenis. De twee jonge duiven worden door de Kerk symbolisch opgevat als archetypen van de joodse en de heidense wereld. De Moeder Gods wordt weergegeven terwijl ze zich vooroverbuigt, alsof zij de Heiland nog in haar armen draagt, maar zij heeft de Heiland niet langer in haar armen. Het is

Simeon, die God heeft ontvangen, die hem in zijn armen draagt. Tussen de Moeder Gods en Christus in de armen van Simeon bevindt zich het altaar, dat in het midden van de ikoon is afgebeeld, als een soort onoverkomelijke barrière. De Moeder Gods staat erbij alsof ze is beroofd van haar Zoon. Er is een onuitsprekelijke droefheid in de hele uitdrukking van de Moeder Gods en in de opgeheven armen die de Heiland nog schijnen te dragen. Als een prefiguratie van haar lijden zoals dat wordt aangekondigd door Simeon: "Hij zal een teken zijn dat bij velen verzet oproept en dat zo hun diepste gedachten aan het licht zal brengen. En bij u zal het leed als een scherp zwaard door uw hart gaan." (Luc. 2:35). In de beweging van de handen en het hele lichaam van de Moeder Gods is het voorgevoel te zien van het verlies van haar zoon, het verlies dat zij zou moeten ondergaan staande bij het Kruis.

De 'Opdracht' maakt deel uit van de feesten van de Heer, direct aan hem gewijd, maar door de liturgische inhoud staat het ook dicht bij de feesten van de Moeder Gods, en lang geleden, bij het ontstaan van het feest, werd het beschouwd als een feest dat was opgedragen aan de Moeder Gods. Op de feestikoon zijn Christus en de Moeder Gods even belangrijk afgebeeld: de Heiland die als kind zit op de armen van Simeon, die God heeft ontvangen, die de Heiland ontvangt in zijn armen en zo verschijnt als de oude wereld die met God wordt vervuld, - en de Moeder Gods aan het begin van Haar kruisweg – haar zoon opofferend voor de redding van de wereld. En de hele ikoon geeft door de compositie uitdrukking aan deze tweeslachtige natuur van het feest, de vreugde van de ontmoeting en het verdriet van de passie, zoals die is verwoord door Simeon, hij die God heeft ontvangen, in de profetische betekenis van de woorden van de grijsaard: "Zie, deze is gesteld tot een val en opstanding van velen in Israël en tot een teken, dat weersproken wordt" (Luc. 2:34). Deze woorden hebben een eschatologische lading die betrekking heeft op de missie van de Heiland. Zij zijn een profetisch visioen van het einde der tijden en van de verwachting van het Oordeel en de toekomende eeuw. En dezelfde eschatologische betekenis zit in de woorden die gericht zijn aan de Moeder Gods: "U draagt al het lijden van de wereld voor het heil van het gevallen menselijke geslacht."

De doop van de Heer,
1964-1965, 66 x 42 cm, Hauteville

X
DE DOOP VAN DE HEER (THEOFANIE)

De doop van de Heer heet ook wel 'Theofanie' (Godsverschijning), want bij de doop manifesteert zich de deelname van de drie personen van de Heilige Drie-eenheid: God de Vader openbaart zich door Zijn woord, God de Heilige Geest die in de gedaante van een duif de wateren zegent en God de Zoon die van Johannes de doop ontvangt en het water heiligt. De trinitaire inhoud van het feest wordt uitgedrukt in de kondakion van de theofanie, en brengt zo het goddelijke drie-enige gebeuren zeer duidelijk onder woorden.

"Toen Gij Heer, gedoopt werd in de Jordaan, werd de aanbidding der Heilige Drie-eenheid geopenbaard: De Vader heeft van U getuigd en noemde U zijn geliefde Zoon; de Geest, in de gedaante van een duif, bevestigde de waarheid van dit woord."

De Doop waar de heilige Johannes mee doopte was een doop van bekering. Het water betekende voor de mens een zuivering en een bevrijding. Eigenlijk was zo'n doop voor Christus niet nodig, want hij was voor eeuwig zuiver en alleen vanuit zijn nederigheid onderging hij de doop van Johannes. Toen de Heer de doop door het water ontving werd hij niet door dat water geheiligd, want dat was voor hem niet nodig, maar door zijn persoon heeft hij zelf het water geheiligd en daarmee de gehele wereld. Doordat Christus zich heeft laten dopen door Johannes en zich zo heeft verootmoedigd, is zijn goddelijkheid als een persoon van de Drie-eenheid geopenbaard, één met de vader en de Heilige Geest.

Met de Doop verschijnt Christus aan het volk, het is het begin van de vervulling van zijn opdracht, de nieuwe schepping van de wereld die door de zondeval dodelijk is verdorven. In de Doop wordt gevierd dat de wereld opnieuw wordt geschapen, zoals bij de Geboorte van Christus, en deze twee feesten zijn dan ook onlosmakelijk met elkaar verbonden. Het feest van de Geboorte wordt in de liturgische teksten steeds in verband gebracht met de Theofanie. In de opbouw van de eredienst, met name in de vespers, wordt bij de viering van de Theofanie het feest van de Geboorte bijna in zijn geheel herhaald, maar in enkele bijzondere sticherons ('hymnes') wordt het feest van de Theofanie verheerlijkt als een feest dat nog lumineuzer is dan de Geboorte. Overeenkomstig karakteriseren de kerkvaders uit de vierde en vijfde eeuw, Ambrosius van Milaan, Johannes Chrysostomos en de heilige Hiëronymus, de bijzondere glorie van de Theofanie: "Met Zijn Geboorte openbaart de Zoon van God zich aan de wereld op een 'obscure' manier, maar met Zijn Doop manifesteert Hij zich pas volkomen." (Heilige Hiëronymus).

Volgens het evangelie heeft de Doop plaatsgevonden toen de Heiland ongeveer dertig jaar was, ongeveer op zijn Geboortedag. Daarin zien we ook de innerlijke band tussen de heilige gebeurtenissen en in de Kerk wordt als het ware een gouden draad gespannen tussen de Geboorte en de Doop. In de Kerk van Rome is de interval tussen het Kerstfeest en de Theofanie wat groter dan in de Orthodoxe Kerk, maar het verband tussen de twee feesten blijft hetzelfde. De Armeense Kerk houdt de traditie in ere om de Geboorte van Christus en Zijn Doop op dezelfde dag te vieren, 25 december.

Het feest van de Theofanie heet ook wel het feest van het licht, de verlichting. In de vroegchristelijke tijd ontvingen de catechumenen de doop juist op die dag, te midden van een groot aantal brandende waskaarsen, en dat kan ook niet anders, want daar waar God verschijnt, is een grote overvloed van licht, want God is licht. Op dit feest wordt de verdorven wereld op een mysterieuze manier opnieuw geschapen en, zoals bij de schepping van de wereld, raakt God het water aan, zuivert het en brengt het weer tot leven. Christus gaat het water in om het te zuiveren, te bezielen, te heiligen en om er de serpenten te vernietigen. De Heilige Geest in de gedaante van een duif overschaduwt de wateren zoals destijds bij de schepping van de wereld de Geest Gods over de wateren zweefde. Volgens de uitleg van de heilige Basilius de Grote zweefde Hij niet alleen maar over de wateren, maar verleende Hij aan het water de macht om het leven voort te brengen, zoals een broedkip met haar warmte de kuikens tot leven wekt. Hier geeft de Heilige Geest aan het water ook de genade en de macht om het leven voort te brengen in het mysterie van de Doop, het water "dat eeuwig leven geeft".

Als oerbeeld is de duif die Noach had losgelaten uit de ark en die terugkeerde met een olijftakje in zijn snavel de prefiguratie van de Heilige Geest die bij de Theofanie verschijnt boven het water van de Jordaan. De heilige Chrysostomos geeft de verbeelding van de Heilige Geest bij de Theofanie als een duif de volgende uitleg: Christus die door de hand van Johannes de doop ontvangt is gekomen om alle beloften waar te maken en de wet in vervulling te laten gaan. Terwijl de mensheid deze waarheid in vervulling had moeten laten gaan, en er niemand was die er op had gelet, is Christus gekomen om die waarheid te volbrengen. Aldus heeft de onderwerping aan God de waarheid verwezenlijkt, en zond God de heilige Johannes om de mensen te dopen, en heeft Christus dit allemaal volbracht. Ons geslacht had de schuld moeten betalen, maar we hebben niet betaald en de dood heeft ons schuldigen bekneld. Toen Christus kwam vond Hij ons in de ban van de duivel en betaalde Hij onze schuld. "Het komt mij, die bezit, toe om te betalen voor hen die niet bezitten," zei Hij. Dat is de betekenis van zijn doop. Daarom is de Geest nedergedaald in de gedaante van een duif. Daar waar de verzoening met God is, is ook de duif. Zoals de duif het olijftakje meebracht naar de ark van Noach als teken van Gods liefde voor de mensen en als teken van het einde van de zondvloed, zo daalde nu ook de Geest neer als een duif, zij het niet in een lichamelijke gedaante (n.b.), en verkondigde aan de wereld de goddelijke genade.

Transfiguratie,
1964-1965, 66 x 42 cm, Hauteville

XI
DE TRANSFIGURATIE
(VERHEERLIJKING VAN CHRISTUS)

In de cyclus van de feesten van de Kerk zijn er drie door hun gelijkenis nauw met elkaar verbonden. Door hun bijzonder innige verwantschap zijn ze goed met elkaar te vergelijken. Het zijn Pinksteren, de Epifanie en het feest van de Transfiguratie van de Heer. Door hun 'trinitaire' karakter zijn de feesten met elkaar verbonden.

Wanneer de Heilige Geest met het Pinksterfeest in de vorm van de vurige tongen nederdaalt introduceert Hij ons in de intimiteit van de kennis van God, en openbaart ons - voor zover wij dat kunnen bevatten – het wezen van de Heilige Drie-eenheid.

Met het feest van de Epifanie worden de Drie Personen van de Heilige Drie-eenheid aan ons geopenbaard in een heiligend en reddend handelen, dat ons heil bereidt en zo de wereld heiligt.

In de Transfiguratie manifesteert de Heilige Drie-eenheid zich vooral in de glorie van het goddelijke ongeschapen licht. Alles is er licht, alles is er vervuld met het licht en alles verandert op een mysterieuze manier.

Over de top van de Thabor, de berg waarheen de Verlosser zijn uitverkoren discipelen geleidde, werd het licht van Gods onuitsprekelijke glorie uitgestort. En de ikoon van het feest is helemaal vervuld van deze uitstorting. Het hele oppervlak van de ikoon wordt als het ware de ontvanger van het licht. De indeling van de voorstellingselementen op de ikoon (de wolk die de Verlosser overschaduwt, de beweging van de stralen die de goddelijke energie aangeven, de beweeglijkheid van de berg Thabor zelf en de ter aarde vallende apostelen, het hele concept van de ikoon), alles spreekt van het licht en wordt bepaald door dat licht. Ook de wolk is vervuld van dat licht, het is de glorie van de Heilige Geest die de Heer overschaduwt. Het witte gewaad van de Heer is geheel bedekt met een fijn netwerk van gouden stralen en ook dat is een symbool van de uitstraling van de goddelijke energie.

Het op de Heer uitgestorte licht weerkaatst op de gewaden van Mozes en Elia, op de kleding van de ter aarde gevallen apostelen en op de trapeden-achtige uitsteeksels van de berg Thabor. Het lijkt wel of de berg zelf bezield is van verlangen om de Heer een plaats te bereiden. Naar boven toe worden de toppen van de berg steeds smaller om tenslotte te eindigen in drie spitse uitsteeksels, die plaats maken voor de Heer en zijn twee gesprekspartners: Elia, de bemiddelaar van de levenden en Mozes, de bemiddelaar van de doden. De plooien van hun kleding en ook die van de kleding van de apostelen waaien op door een wervelwind en worden verlicht door het mysterieuze licht dat uitgaat van de Verlosser. Soms worden de apostelen voorgesteld alsof ze op hun gezicht vallen, en soms vallen ze ter aarde waarbij ze hun gezicht bedekken met hun kleding.

De Godheid, volgens de omschrijving van de aartsbisschop Innocentius van Kherson 'verborgen in de sluier van het vlees', onthulde zijn aanwezigheid en schitterde als een bliksemschicht. Door het gebed is het goddelijke aspect in de mens Jezus ten volle gewekt en gestimuleerd. Het goddelijke is doorgedrongen tot de ziel van de God-Mens, met het licht heeft het goddelijke het lichaam doorboord en straalt het vanaf het gelaat. Zonder dat we het zouden kunnen bevatten worden zelfs de kleren verheerlijkt door een schitterend aureool.

Het wonder van de Transfiguratie heeft zich niet voltrokken in het bijzijn van de mensen, zelfs niet in de tegenwoordigheid van alle apostelen, maar slechts in het bijzijn van drie door Christus daartoe uitverkoren apostelen, die in staat waren om getuige te zijn van dit visioen van ondraaglijke glorie: en de Heer liet ze niet meteen getuige zijn van zijn Transfiguratie, maar pas nadat ze de top van de berg Thabor hadden bereikt. Zo toonde Hij ze dat ze niet zomaar op elke plaats en onder alle omstandigheden getuige konden zijn van de Verheerlijking van de Heer, en dat ze er pas deel aan konden hebben na de inspanning van de beklimming van de top van de berg. In het leven van de Kerk zijn het de asceten (podvijniki) die zich wijden aan de contemplatie die deze weg naar de top volgen. Die beklimming naar de top van de stilte leidt hen naar de verschijning van het goddelijke licht en de Kerk bewaart zeer vele getuigenissen van dit licht, vanuit de ervaring van de onderdompeling in het gebed en de vrome overpeinzing. Aangaande de natuur van dit mysterieuze licht dat zich verspreidde bij de Transfiguratie van de Heer zijn er oneenigheden ontstaan en de discussies vonden vooral plaats in de kloosters op het schiereiland Athos, alwaar de top van de berg Athos is bekroond met de kapel van de Metamorphosis (=Transfiguratie). Op Athos waar de innerlijke ervaring van de podvijniki (of *hesychasten*), op zoek naar de stilte, gepaard ging met een bijzonder volhardend zoeken naar het licht van de berg Thabor, ontstonden de discussies over de natuur van dit licht. Er waren tegenstanders, onder aanvoering van Varlaam, die onder de invloed van de denkbeelden van de westerse scholastici beweerden dat het licht, zoals de apostelen dat hadden gezien op de berg Thabor, niet het ongeschapen licht was, maar een door God geschapen openbaring en dat dat licht alleen zichtbaar kon zijn vanwege dat geschapen karakter.

Zo beschouwde Varlaam ook al het handelen van de goddelijke genade als geschapen en ook elke openbaring van de goddelijke macht. "Maar deze leer is schadelijk voor het inzicht dat alles is geschapen, dankzij de Vader, de Zoon en de Heilige Geest: het licht van de 'komende eeuw' waardoor de rechtvaardigen zullen schitteren als de zon, het licht waarvan Christus de prefiguratie heeft laten zien toen Hij werd verlicht op de berg Thabor, alle macht en handelen van de trihypostatische God... alles is geschapen." (Synaxarion van de tweede week van de Grote Vasten). Dit geschil werd pas beslecht tijdens het Concilie van Constantinopel met de geloofsbelijdenis van de heilige Gregorius Palamas die Varlaam en zijn medestander Akindinos ontmaskerde en die de orthodoxe leer vaststelde van de natuur van de genade, de Goddelijke krachten en het licht van Thabor. Volgens de getuigenis van Sint Gregorius Palamas verscheen het Licht aan de apostelen op de berg Thabor niet in de vorm van een geschapen licht, maar als een uitstraling van het goddelijke zelf, als een uitstorting van het stralende licht van de genade van de Heilige Drie-eenheid die de wereld heiligt en verlicht.

"Het licht van de Transfiguratie van Christus vervult op een mysterieuze manier de Kerk, maakt van de engelenschaar dragers van het licht en openbaart zich bij de heiligen, en dit licht is reeds de glorie van de toekomende eeuw en de heiligen die getuigen van het licht van Thabor zijn niet alleen maar getuigen, maar ze zijn zelf van dat licht vervuld, want door openlijk de glorie van onze Heer te aanschouwen worden ze zelf door Gods Geest verheerlijkt. Zo geeft de Transfiguratie ons een beeld van onze eigen verheerlijking." (Heilige Innocentius van Kherson).

De heilige Simeon de Nieuwe Theoloog zegt het zo: "De genade van de Heilige Geest, die komt als een helder licht, in heerlijkheid, brengt de vreugde, als de afspiegeling van het eeuwige licht en brengt de stralende glans van de gelukzaligheid die geen einde zal hebben; zij maakt de mens tot een vriend en zoon van God, voor zover hij Hem kan kennen". En verder: "De intelligentie die zich in God heeft verenigd wordt als het licht. Die intelligentie is dus licht en ziet het licht, namelijk God. De intelligentie gaat volkomen samen met het licht en is voortdurend waakzaam."

Van de talloze getuigenissen van het licht van Thabor is er één die bijzonder dicht bij ons staat, zowel in de tijd als vanwege de omstandigheden waaronder het wonder zich voordeed. Het is de verschijning van het genadevolle licht aan het einde van het gesprek tussen de heilige Serafim en zijn vriend Motovilov over de zin en het doel van het christelijk leven. In dit gesprek legde Sint Serafim aan Motovilov uit dat de bestemming van het christelijk leven niet is gelegen in het leiden van een zuiver leven of het doen van vele goede werken. Dat zijn slechts onmisbare voorwaarden om het doel van een christelijk leven te bereiken. De enige schat die van waarde is als bekroning van het leven is de vervulling met de Heilige Geest, waarbij de menselijke ziel de volle genade ontvangt en "straalt van de Triniteit". Motovilov was niet in staat om dit verwerven van de Heilige Geest te begrijpen. Toch wilde de heilige Serafim hem alles wat hij gezegd had duidelijk maken, en toen maakte hij zijn vriend plotseling ooggetuige van een wonder. Op wonderbaarlijke wijze begon het gezicht van de heilige te stralen. Toen de heilige Serafim hem vroeg waarom hij hem niet aankeek antwoordde hij: "Ik kan u niet aankijken, mijn vader. Er komen lichtstralen uit uw ogen, uw gezicht is stralender dan het licht van de zon en het doet pijn aan mijn ogen." Toen vertelde Motovilov wat hij gezien had: "Stel u voor dat u in het midden van het licht van de volle zon, het gezicht ziet van de man waarmee je in gesprek bent. Je ziet zijn lippen bewegen, je ziet de uitdrukking in zijn ogen, je hoort zijn stem en je voelt wat hij je wil vertellen met zijn gebaren, maar toch kun je niets zien, alleen maar een wijd uitstralend sneeuwwit verblindend licht dat mij en de vereerde *starets* overstraalde." Met deze woorden beschreef Motovilov de verschijning van het ongeschapen licht dat Sint Serafim verlichtte. Dit licht is gelijk aan dat van de Transfiguratie van de Heer, het licht dat de heiligen verlichtte en dat de heilige Kerk verheerlijkte, en dat, door het Concilie en de geloofsbelijdenis van de heilige Gregorius van Palamas als volgt werd gedefinieerd: "de onuitsprekelijke, volmaakte en 'voor-eeuwige' glorie van de Goddelijkheid, glorie zonder begin en zonder einde en het koninkrijk van God, de waarheid en de vurig verlangde schoonheid, de Goddelijkheid van de Vader en de Geest, die zetelt in Zijn enige Zoon."

Wanneer je de woorden van de heilige Simeon en Serafim vergelijkt met die van Motovilov wordt je getroffen door de bijzondere overeenkomst. Niet alleen vanwege hun kennis van het licht, maar ook wat betreft de bewoordingen die ze hebben gebruikt om uitdrukking te geven aan hun getuigenis van dat licht en in hun omschrijving van de wezenlijke betekenis ervan. Dat zien we ook bij andere getuigen en zieners van het goddelijke ongeschapen licht. Die verwantschap, de innerlijke ervaring van heiligen uit zo uiteenlopende periodes in de geschiedenis, die leefden onder zeer verschillende omstandigheden, is als een lichtgolf die ons draagt naar het licht zonder schemering van de komende Dag. En de triomf van de zuiverheid in de verdediging van de orthodoxe leer over het goddelijke licht van de Transfiguratie is kerkelijk verbonden met de viering van de Triomf van de Orthodoxie.

De Verheerlijking van de Heer op de berg Thabor moeten we niet beschouwen als een geïsoleerd wonder in de loop van de gebeurtenissen in het evangelie, maar het is de weg, het beeld en het hoogtepunt van de universele Transfiguratie.

De intocht van de Heer in Jeruzalem,
18,5 x 24,5 cm

XII
DE INTOCHT VAN DE HEER IN JERUZALEM

Het feest van de Intocht van de Heer in Jeruzalem gaat direct vooraf aan de Heilige (Goede) Week en het feit dat het feest zo dicht ligt bij de Passie en het sterven van de Heiland brengt in zekere zin met zich mee dat de viering van de Intocht van de Heer in Jeruzalem het stempel draagt van de Passie. Juist de dag die Jezus Christus had uitgekozen kondigt het zoenoffer aan. Ambrosius van Milaan zegt het zo: "De dag van de Intocht van Jezus Christus in Jeruzalem is opmerkelijk: het was de negende dag van de maand, de dag waarop de Israëlieten het paaslam uitkozen, dat op de veertiende dag werd geslacht. Dus Christus, die op de vrijdag als het ware Lam de kruisiging zou moeten ondergaan, is Jeruzalem binnengetrokken op de dag waarop men het 'prefiguratieve' lam uitkoos."

Maar het feest van de Intocht van de Heer in Jeruzalem draagt niet alleen het stempel van de komende Passie, de lijdensweek, maar ook van de aanstaande Opstanding van Christus. De Intocht in Jeruzalem, waarbij de Koninklijke waardigheid van Christus zo duidelijk werd geopenbaard aan Jeruzalem, de stad die in zijn geheel was uitgelopen om Hem te begroeten, getuigt op een beeldende manier van de Opstanding, van de 'Tweede Komst' en van de heerschappij in de 'Komende Eeuw', wanneer Christus 'alles in allen' zal zijn.

Alle gebeurtenissen die gepaard gingen met de Intocht van de Heer in Jeruzalem die vermeld worden in de vier Evangeliën en die op die manier bewaard zijn in de traditie van de Kerk, en die zijn vastgelegd in talloze ikonen met de voorstelling van het feest, al die gebeurtenissen zijn in geen geval toevallig of anekdotisch, maar ze hebben in de interpretatie van de kerkvaders allemaal een duidelijke profetische beeldende en prefiguratieve betekenis. Al die ikonen zijn erop uit om de inhoud van het feest in zich op te nemen, om alles wat er in de Schrift over wordt verteld en wat bewaard is gebleven in de Traditie van de Kerk bijeen te brengen. Zo proberen die ikonen op een unieke manier in kleur en lijn een krachtige theologie te zijn en een verheerlijking van de gebeurtenis. Zo geeft de ikoon van de Intocht van de Heer in Jeruzalem niet slechts op een uiterlijke manier uitdrukking aan deze gebeurtenis, maar drukt ze de essentie uit, de onvergankelijke betekenis.

Als voorbeeld voor de Intocht van de Heer in Jeruzalem zou men de preek van de heilige Epiphanius van Salamis (Cyprus) gebruiken, of zoals het feest ook wel wordt genoemd in de boeken van de Kerk, de Week van Palmpasen. "Waarom – vraagt Sint Epiphanius – maakte Christus, die immers altijd te voet ging, toen gebruik van een rijdier? Dat was om te laten zien dat Hij zou worden verhoogd en verheerlijkt op het kruis. En wat is de betekenis van de stad tegenover hem? Dat is de plaats van de rebelse geest van de mens die is verjaagd uit het Paradijs. Christus stuurt zijn discipelen daar naartoe, als beeld van de twee Testamenten, het Oude en het Nieuwe. En wat symboliseert de ezelin? Het is ongetwijfeld de Synagoge die zijn leven tot een zware last is geweest, en die op een dag de rug zou zijn waarop Christus zou zitten. En wat is de betekenis van het ezelsveulen? Het bandeloze heidense volk dat door niemand kon worden beteugeld; niet door de wet, of door vrees, ook niet door een engel of een profeet of door de Schrift, uitsluitend en alleen door God zelf, het Woord."

Ziedaar een klein uittreksel uit de preek van de heilige Epiphanius, een preek die geheel is vervuld van de symbolische betekenissen van de gebeurtenis. Dit symbolisme is niet bedoeld om op enigerlei wijze met gecompliceerde allegorieën de interpretatie van de gebeurtenis mooier te maken. Nee, het is diep geworteld in de studie van de kerkvaders over Gods handelen in de wereld. Dit symbolisme is een onvervreemdbare eigenschap van de theologie, geboren in de diepten van de Kerk, en geen enkele heilige gebeurtenis zou ten volle kunnen worden geduid en uitgelegd zonder deze symbolische begrippen. Zonder die symboliek zou je geen enkele ikoon kunnen begrijpen, laat staan zelf schilderen. Want het leven van een ikoon reikt tot aan de 'toekomende eeuw' en een ikoon is er niet om een of andere tijdelijke zaak vast te leggen, maar heeft als bestemming om juist dát te bezegelen dat van niet voorbijgaande aard is. En de theologie van de ikoon wordt bepaald door het feit dat schijnbaar relatieve zaken in de ikoon een tijdloze betekenis krijgen. En deze profetische prefiguratieve structuur van de ikoon bepaalt het typische karakter van de ikoon, men zou ook kunnen zeggen: het eigen gezicht van de ikoon.

De hemelvaart van Christus,
18,5 x 24,1 cm

XIII
DE HEMELVAART VAN DE HEER

Het feest van de Hemelvaart van Christus valt op de veertigste dag na Pasen. Tussen de Opstanding en de Hemelvaart zijn veertig dagen verstreken. Gedurende veertig dagen na de Opstanding verbleef de Verlosser op aarde. Waarom zou het verblijf van de Heiland op aarde precies die veertig dagen geduurd hebben? Wat is daarvan de diepere betekenis? Veertig dagen was de duur van de oudtestamentische vasten voorafgaande aan Pasen. In de tijd van Noach stortten de wolken veertig dagen lang hun wateren uit op de aarde. Veertig dagen duurt de orthodoxe adventstijd voor Kerstmis en veertig dagen duurt de vastentijd voor Pasen. Het is op de veertigste dag dat de overledene Gods aangezicht ziet, en dat is de basis van de gebeden van de z.g. 'quarantaine' (Sorokooust). In al deze veertig dagen durende periodes is sprake van vasten, boetvaardigheid en loutering. Wat zou dan het verband kunnen zijn met Christus voor wie immers noch loutering noch boetedoening noodzakelijk zijn? Zoals het vasten voorafgaat aan het komende feest, zo was het verblijf van veertig dagen op aarde voor de Heiland wellicht de inleidende, voorafgaande fase aan zijn terugkeer tot de Vader.

Het is het feest van de gezegende liefde, de vervulling van de goddelijke liefde. En het verblijf van Christus op aarde gedurende die veertig dagen was een daad van zijn verheven liefde en zorg voor de mensen en voor de discipelen, aan wie Hij veertig dagen verscheen 'na zijn lijdenstijd' en aan wie Hij vertelde over het koninkrijk van God.

Die veertig dagen na Pasen, toen de Verlosser op aarde verbleef, betekenden voor de apostelen en voor het hele menselijke geslacht de voorbereiding op het koninkrijk van God. Men zou deze veertig dagen ook aan kunnen duiden als "de vernedering van de Verlosser voor het heil van de mensen tot ons heil". En deze termijn van veertig dagen – een periode van onthouding, van vasten en van inleiding op het feest – herdenken we tussen de Opstanding van Pasen en de Hemelvaart. Je kunt zeggen dat de Hemelvaart van Christus een zeker nadeel, een verlies met zich meebrengt. De Heiland verlaat zijn moeder en zijn discipelen. Maar bij de Hemelvaart van de Verlosser hoorde ook de belofte dat de Heilige Geest, de Trooster, naar de discipelen en de gehele Kerk zou worden gezonden. En er werd door de engelen nog een andere belofte aan de discipelen gedaan: "Deze Jezus, die van u opgenomen is naar de hemel, zal op dezelfde wijze wederkomen, als u hem ten hemel hebt zien varen." In de Hemelvaart van de Heiland die een einde maakt aan de periode van Pasen is reeds de belofte verborgen die door de engelen werd verkondigd: de tijdloze Pasen, die nooit zal voorbijgaan, die nooit zal verduisteren: de tweede Komst van Christus.

En op alle ikonen van de Hemelvaart van Christus wordt Hij weergegeven in de glorie en triomf met de zijnen zoals bij zijn wederkomst om de wereld te oordelen. De naam van Pantocrator, van de Almachtige, hoort bij de Verlosser van de Hemelvaart. Hij wordt weergegeven gezeten op de troon van de glorie in helder lichtende kleding met gouden stralen (*assist*), als het beeld van de goddelijke kracht en energie. Zijn handen zijn zegenend opgeheven. En niet alleen de handen: ook de voetzolen (dit kan niet grafisch worden weergegeven, maar wordt wel genoemd in de sticheron (de hymnen) van het feest). De Verlosser is omringd door een mandorla, of door cirkels, die de hemelse sfeer voorstellen, meestal eveneens voorzien van gouden stralen, als de stralen van de zon. En deze hele voorstelling van Christus is als een zon, de zon van de flamboyante waarheid boven de aarde. De hemelse sfeer waarop de Heer is weergegeven wordt ondersteund door de handen van engelen, die zijn afgebeeld alsof ze de hemelse cirkel dragen, met daarin de Heiland zittend op zijn troon.

Zo wordt de Verlosser weergegeven op de ikoon van de Hemelvaart, maar misschien komen zijn glorie en almacht nog wel sterker tot uitdrukking op de muurschilderingen van de kerken, zoals ze gewoonlijk te vinden zijn in de koepel van de kerk en die vaak doorlopen op de muren van de 'hals' of 'tamboer' die zich onder de koepel bevindt. De Heiland wordt dan weergegeven in het midden van de koepel alsof Hij is opgenomen in het hemelse gewelf. Zo krijgt het hemelse gewelf vorm in de architectuur van de kerk: de ronde sferische vorm van de koepel stelt het hemelse gewelf voor, zowel door de uiterlijke vorm, als door de symbolische betekenis, die er door de Kerk aan is gegeven. Het beeld van Christus, zoals dat is opgenomen in de koepel, drukt wellicht nog sterker dan in de ikoon de glorie en almachtige heerlijkheid uit. Het is de Pantocrator – de Albeheerser. En hier in de koepel is de Heiland afgebeeld als de zon en dit beeld verschijnt boven het hoofd van de gelovigen als de Hemelvaart. Maar dit beeld vertoont ook een verwijzing naar zijn komende wederkomst in heerlijkheid, nauw verbonden met de woorden van de engelen: "Deze Jezus, die van u opgenomen is naar de hemel, zal op de zelfde wijze wederkomen, als gij Hem ten hemel hebt zien varen." (Hand. 1:11).

Aan de rand van de koepel zijn de hemelse krachten voorgesteld die de cirkel ondersteunen – de hemelse sfeer met de Heiland in het centrum. Iets lager in beeld, op de plaats waar zich gewoonlijk ook de ramen bevinden, op de 'trumeaus', is de Moeder Gods weergegeven, met aan haar rechter- en linkerhand twee engelen, die het woord richten tot de apostelen, die omhoog staren naar de hemel, zoals vermeld in de *Handelingen*.

Wat onveranderlijk is in de iconografie van de ikonen en de muurschilderingen van de Hemelvaart uit de verschillende periodes is zonder twijfel de aanwezigheid van de Moeder Gods: blijkbaar heeft zij altijd deel aan het feest. En toch wordt er in de *Handelingen* (waar er in het eerste hoofdstuk sprake is van de Hemelvaart) noch in enig ander schriftgedeelte direct melding gemaakt van de aanwezigheid van de Moeder Gods op de Olijfberg bij de Hemelvaart.

De heilige Johannes Chrysostomus spreekt over de Hemelvaart van de Heer in de volgende bewoordingen: "Wij richten onze blik naar de hemel, naar de waarlijke troon van de Kerk, de zetel van de aanvang der tijden. Dan zal de Zoon van God wederkomen van de hemel om ons te oordelen en Hij zal niet talmen. Onze almachtige Heer zal komen, als aanvoerder van zijn legioenen, de engelenscharen, de synaxis ('vergadering') van aartsengelen, de schare van martelaren, het koor der rechtvaardigen, de synaxis van de profeten en de apostelen, te midden van hen allen zal Hij zelf zwevend verschijnen, op een immateriële wijze, als een Koning in zijn onuitsprekelijke glorie."

XIV
OVER DE VOORSTELLING VAN DE OPSTANDING VAN CHRISTUS

Van tijd tot tijd bleken er in de Kerk verschillen van mening te bestaan aangaande de manier waarop bepaalde feesten op ikonen zouden moeten worden weergegeven, of hoe deze of gene heilige moest worden afgebeeld, of op welke wijze een bepaald 'theandrisch' concept (tweenaturenleer) zou moeten worden verbeeld (bijvoorbeeld 'De Engel van de Grote Raad' of 'Het Vaderschap'). Ook de verschillende iconische voorstellingen van de Opstanding van Christus zoals die in de Kerk worden gebruikt gaan gepaard met meningsverschillen.

De vraag waar het steeds om draait is: welke ikonen van de Opstanding van Christus geven op een correcte manier uitdrukking aan de betekenis van deze heilige gebeurtenis; welke ikonen zijn minder volmaakt en geschikt; en welke ikonen zijn uiteindelijk absoluut onacceptabel om te worden vereerd, omdat ze bedrieglijk zijn, of omdat ze de betekenis van de gevierde gebeurtenis helemaal verdraaien, door het bewustzijn van de gelovigen juist te verleiden in de richting van de duistere paden van het beeld, naar valse voorstellingen en sentimenten. Dergelijke ikonen zijn een obstakel voor een goed begrip van het gebeuren, een onoverkomelijke barrière en ze functioneren dus niet als een deur die juist toegang geeft tot de lichtende verblijfplaats van de kerkelijke plechtigheid.

Een van de visies over deze kwestie is op zeer heldere wijze uiteengezet door L. Ouspensky in twee artikelen, die hij publiceerde in de *Revue du Pa-*

triarcat de Moscou. De auteur van deze artikelen stelt daarin dat de Opstanding van Christus een mysterie is, dat absoluut niet in zijn volledigheid kan worden doorgrond, een mysterie dat zo totaal ongenaakbaar is dat het niet kan worden afgebeeld, want daardoor zou afbreuk worden gedaan aan het mysterieuze karakter van het gebeuren. De enige betamelijke voorstelling van de Opstanding van Christus zou de voorstelling met de *Mirredragende Vrouwen* bij het Graf zijn.

Op deze ikoon zijn de vrouwen afgebeeld die de mirre naar het graf van de Heiland dragen en aan wie de engel verkondigt dat Christus is verrezen. Voor de vrouwen is dan de graftombe afgebeeld, die door de Heiland is verlaten, met daarin de lege opgerolde lijkwade. De engel, die is gekleed in een smetteloos wit gewaad en is gezeten op de steen die van het graf is afgewenteld, kondigt de vrouwen het goede nieuws aan. Soms beeldt men niet één engel af, maar twee. Op basis van het evangelie is de engel (of zijn de engelen) de eerste getuige(n) van de Opstanding van Christus. Men kan zich voorstellen dat zij ook de eersten waren die door de Verlosser na zijn verrijzenis werden aangesproken.

Heilige kruisverheffing,
ca. 1953, 20 x 25,5 cm, Vanves

XV
DE HEILIGE KRUISVERHEFFING

"Zoals de vier armen van het kruis stevig met elkaar zijn verbonden in het midden, zo zijn door Gods kracht ook de hoogte, de diepte, de lengte en de breedte, - dat is te zeggen, in zekere zin dus eigenlijk alle zichtbare en onzichtbare schepselen - stevig met elkaar verbonden." Sint Johannes van Damascus.

"De levensboom, door God geplant in het paradijs, is de prefiguratie van het ware kruis. Want omdat de dood door middel van de boom het paradijs was binnengekomen, was het passend dat ook door middel van deze boom het leven en de opstanding uit de dood zouden worden begunstigd. De dood van Christus en het kruis hebben ons weer voorzien van de wijsheid en van Gods hypostatische kracht. Wij vereren ook het beeld van het eerwaardige en leven gevende ware Kruis. Wij vereren niet de materie (God verhoede), maar het beeld als symbool van Christus." Sint Johannes van Damascus.

De twaalf canonieke feesten markeren de gebeurtenissen binnen de cyclus van het evangelie, waarbij moet worden opgemerkt dat de Heilige Kruisverheffing veel later plaatsvond. Toch is dit feest in wezen net zo vol van het onuitblusbare licht als de andere canonieke feesten en het maakt ons bewust van de glorie van Christus zaligmakende verlossing. Men viert op die dag de vinding van het kruis van Christus en, in algemenere en bredere zin, gaat het om het kruis zelf, dat met dit feest wordt verheerlijkt, als het 'bewijsstuk' van Christus' overwinning over de zonde en de dood. Men viert dat het kruis werd opgericht in de wereld en zo het hele universum heiligde.

Historisch gezien herinnert dit feest ons aan de vinding van het kruis waaraan Christus werd gekruisigd, het kruis dat lange tijd verborgen bleef onder de aarde en dat verloren leek te zijn gegaan voor de mensheid. In de vierde eeuw wilde keizerin Helena, de moeder van Constantijn de Grote, zich naar Jeruzalem begeven, om daar te gaan knielen voor de heilige relikwieën die daar werden bewaard en die waren gekoppeld aan de nagedachtenis van de gebeurtenissen uit het aardse leven van de Heiland. Volgens bronnen die bewaard zijn gebleven was de belangrijkste reden voor de pelgrimage van keizerin Helena de wens om in Jeruzalem het kruis te vinden waaraan de Verlosser had geleden. Na haar aankomst in Jeruzalem begon men volgens de aanwijzingen van keizerin Helena met opgravingen op Golgotha, op de plek waar Christus de Passie had ondergaan. Er werden verscheidene kruisen uit de aarde naar boven gehaald en, volgens de traditie, was het niet mogelijk om met zekerheid vast te stellen welk kruis het ware kruis was, waaraan de Heer zelf had geleden. Het kruis werd met zekerheid herkend dankzij een wonder dat geschiedde. Volgens de traditie trok er een begrafenisprocessie voorbij aan de reeds opgegraven kruisen, en om het kruis te testen, om uit te vinden welk van de opgegraven kruisen het ware kruis van Christus zou zijn, werden ze op de overledene gelegd, en toen die met één van de kruisen in contact kwam, geschiedde het wonder van de wederopstanding. Zo werd, volgens de traditie van de Kerk, op onmiskenbare wijze de authenticiteit van de vinding van het ware kruis geopenbaard.

Op de ikoon van de Kruisverheffing wordt dit wonder op verschillende manieren weergegeven. Soms wordt de herrezen dode helemaal niet afgebeeld, maar is het een grijsaard, die is genezen van een ernstige ziekte nadat hij in contact is gekomen met het Kruis. Hoe dan ook, altijd is de ikoon een getuigenis van het wonder dat het kruis zo werd geïdentificeerd, en zo wordt de herinnering aan de gebeurtenis bewaard. Op sommige voorstellingen van dit oosterse mirakel is een jongeman afgebeeld, die uit de dood wordt opgewekt door het contact met het kruis. Het door dit wonder met zekerheid geïdentificeerde kruis werd boven het aanwezige volk opgericht met een bijzonder plechtige ceremonie. De patriarch hield het gevonden kruis ter plekke tot drie maal toe omhoog ten overstaan van de grote mensenmenigte. Deze door de patriarch uitgevoerde ceremonie, de kruisverheffing, vormt de basis voor de ikonen van het feest en is voor eeuwig opgenomen in de ritus van het door de Kerk gevierde feest.

De bisschop of de oudste priester, in een klooster meestal de *hegoumen*, vergezeld door concelebrerende priesters, heft het kruis omhoog, en begeeft zich vanaf het altaar naar het midden van de kerk, en terwijl men zingt "Heer, ontferm U" en dit wel 400 keer herhaalt, spreekt hij uitvoerig de kerkelijke zegen over het kruis uit, en daarbij buigt hij diep alsof hij zelf gebukt gaat onder Christus' kruisdood, om zich daarna weer op te richten naar het beeld van de Opstanding.

De Kruisverheffing is niet alleen het feest van de vinding van het kruis, maar in wezen de verheerlijking van het kruis als de verlossende verschijning van de Kerk, en niet alleen het zichtbare kruis, maar ook het kruis als Gods kracht die de wereld in Zijn hand houdt. Men zou kunnen zeggen dat het kruis het fundament van de gehele schepping verkondigt. Want in de schepping van de wereld werd zo de veelheid teruggebracht tot eenheid: het gezegende kruis bezegelde in feite vanaf de schepping het gehele bestaan. "In den beginne schiep God de hemel en de aarde, de zichtbare en de onzichtbare wereld". De wereld van de engelenscharen, de tastbare lichamelijke wereld, en de wereld van de dieren, die niet bekend zijn met de spirituele natuur van de engelen. En in de laatste schepping van God, met de mens als bekroning, komen de spirituele natuur van de engelen en de gevoelige natuur van de dieren samen. Ook hierin kan men diezelfde bezegeling door de genade van het kruis gewaar worden.

De wereld van de engelen, die geschapen is met een soort dienende hiërarchie, draagt daarin bij wijze van spreken toch de glorie van het kruis. En vanaf het eerste begin is het hele universum vervuld met die glorie, en het kruis, de zegen en het fundament van de wereld, is in zekere zin belasterd en onteerd door de zondeval, die de desintegratie van de sublieme eenheid in het kruis van het universum tot gevolg had. Zo werd de val van de mens de bron van de vijandschap van de dood en van de desintegratie. En het onteerde kruis, dat was verwoest door de zonde, werd door de Verlosser uitverkoren als instrument om de door de zonde uiteengevallen wereld weer vrij te kopen, als een banier van de overwinning van de dood, en zo werd de door de zonde verdoemde wereld opnieuw verenigd. De Verlosser heeft zijn armen op het kruis uitgestrekt om de gedoemden te redden en om de verstrooiden weer te verenigen. Het kruis, de bron van vreugde en van gezegende eenheid van de wereld, groeide uit tot een bron van het lijden en de dood, en werd door Christus weer uitverkoren voor de redding van de wereld, en zo werd het kruis het Teken van de overwinning op de dood en de bekroning van de Kerk met de heerlijkheid in de hemel en op de aarde.

De nederdaling ter helle,
1957, 19,5 x 29,5 cm, Zürich

XVI
DE NEDERDALING TER HELLE

De ikoon, die al heel lang geleden in Byzantium is ontstaan (waarschijnlijk in de twaalfde eeuw) dankt zijn iconografie voornamelijk aan de getuigenis zoals die is opgenomen in het apocriefe evangelie van Nicodemus.

De Verlosser is weergegeven terwijl Hij bezig is af te dalen naar de hel, omringd door een krans met lichtstralen, met hemelse cirkels (mandorla's), die verwijzen naar zijn waardigheid en zijn goddelijke glorie. Rondom de Heiland hebben zich de 'voorouderheiligen' verzameld, samen met de martelaren van het Oude Testament, profeten en andere belijders. Onder de profeten wordt een bijzondere plaats ingenomen door de heilige Johannes de Doper, want nadat hij door Herodes ter dood was gebracht werd hij naar de hel gezonden om de aanstaande Verrijzenis van Christus aan te kondigen en zijn Nederdaling ter Helle. De Verlosser vertrapt met zijn voeten de deuren van de hel, die zijn losgerukt uit hun hengsels. Hij draagt de overwinningsbanier of het kruis, de standaard van de overwinning op de dood. De Heiland strekt zijn handen uit naar het eerste ouderpaar Adam en Eva om ze met kracht weg te trekken uit hun graftomben. Deze doodskisten verwijzen naar de vloek van de dood, waartoe het eerste ouderpaar door de zondeval was gedoemd. In dit gedeelte van de ikoon wordt in het bijzonder de betekenis van de opstanding benadrukt als 'wederoprichting' (anastasis), als vernietiging van de doodskist door de opheffing van de zondeval. Het is alsof de Verlosser op deze ikoon als de zon afdaalt in de hel. Hij is geheel vervuld van een onstuimige dynamiek. De zoom van zijn kleed plooit zich en wordt opgetild door de wind, doordat de Heiland zo bliksemsnel afdaalt in de hel. De voeten van de Verlosser vertrappen de gebroken deuren van de hel, die losgerukt zijn uit hun hengsels en die er nu bijliggen in de vorm van een kruis, boven de afgrond van de onderwereld waarin de dood is gestort. In zijn linkerhand houdt de Heiland het kruis, als wapen bij de overwinning van de dood, zoals een krijgsman een lans vast zou houden. De rechterhand is uitgestrekt naar Adam. De Verlosser grijpt krachtig de hand van Adam. Met kracht rukt hij Adam los, die geheel is uitgemergeld door zijn doodsslaap. De linkerhand van Adam hangt slap in de hand van Christus. In de beweging van Adams rechterhand is al te zien dat hij zich richt naar de Heiland, de hand is open en strekt zich als in gebed uit naar Christus. Deze tegenstrijdige bewegingen van Adams handen geven op een mysterieuze wijze blijk van het weer tot leven komen van de mens door Christus' verrijzenis, de totale onmacht van de dood en de onverbrekelijke innerlijke gerichtheid op God, die de mens is aangeboren. In de gelaatstrekken van Adam zijn zowel de uitputting van de dood te zien als de vreugde om het weerzien met zijn Schepper. Aan de andere kant van de afgrond knielt Eva, die haar handen, die zijn bedekt door haar kleed, uitstrekt naar Christus. Aan de rechterhand van Christus zien we de schare van profeten, met voorop Johannes de Voorloper, die na zijn martelaarschap in de hel de komst van Christus had aangekondigd. Aan de linkerhand van Christus zien we achter Eva de voorouders. De bergen in het bovenste gedeelte van de ikoon worden steeds smaller, komen steeds dichter bij elkaar, en vormen op die manier de ingang van de hel. Daarboven bevinden zich nog twee engelen die de passiewerktuigen omhoog houden: het kruis, de stok met de spons die in zure wijn was gedrenkt en de lans.

Het is de triomf van de bevrijding uit de zware slaap van de dood. Het is dan ook begrijpelijk dat de Verlosser op ikonen ook wel eens anders wordt voorgesteld. Hij verrijst dan boven het graf, waarbij hij de graftombe vertrapt, de aantrekkingskracht van de aarde ontstijgt, de zwaartekracht die voor ons een symbool van onze zonde zou kunnen zijn, het beeld van onze verdorvenheid en onze onderwerping aan de dood. Op deze ikoon is de

Heiland de leidsman van het gehele menselijke geslacht die de hele wereld oproept om hem te volgen, de verkondiger van de totale verrijzenis.

Deze voorstelling, die is ontstaan in Byzantium, is vooral bekend geworden in de Rooms Katholieke Kerk in het Westen. Maar daar is die voorstelling overdadig geworden, en verloor het beeld zijn oorspronkelijke spirituele betekenis. Het werd steeds meer een weergave van het moment van de Verrijzenis zelf, terwijl dat moment eigenlijk mysterieus en ontoegankelijk is. De voorstelling werd overladen met details, zoals de wachters die ter aarde vielen toen zij getuige waren van de opstanding. Deze ikoon werd een letterlijke afbeelding, en probeerde in een soort tastbaar panorama te tonen "wat het oog niet heeft gezien en het oor niet heeft gehoord". Zo werd het een misvormde getuigenis van de Opstanding van Christus (patriarch Serge). L. Ouspensky citeert de verklaring van Abélard, die stelde dat de weergave van de soldaten niet kan worden gemist als een ware getuigenis van de authenticiteit van de feiten. Maar als de soldaten al getuigen waren, waren zij dat niet van het eigenlijke moment van de Opstanding.

Dit overladen en verduisterde beeld van de Opstanding keerde van de Rooms-Katholieke wereld terug naar het Orthodoxe Oosten. Het is een beeld dat nauwelijks nog een weergave was van het oorspronkelijke idee, van het goddelijke mysterie. Dat is het lot van vele ikonen. In een omgeving die was losgeraakt van de kerkelijke eenheid, begonnen de ikonen op een bepaalde manier 'op te drogen', hun vorm veranderde, ze verloren hun vitaliteit en hun relatie met de kerkelijke bron, en waren niet meer in staat om het licht van het oerbeeld te reflecteren. Lijden en sterven en wederom opstaan met Christus.

XVII
"EN GOD RUSTTE OP DE ZEVENDE DAG"

Deze opmerkelijk ikoon is vervuld van een diepe en mysterieuze transparantie: de rijkdom aan harmonieus geplaatste nuances van groen, de beweeglijkheid van de hoofdlijnen, de op het centrum van de ikoon gerichte indeling van de voorstelling en het enigszins geometrische karakter. Alles in dit beeld ademt de oneindige hoogte van de hemelen.

De ikoon is vervuld van deze contemplatieve hoogte. De schilder die dit beeld heeft gecreëerd heeft uitdrukking gegeven aan de rust van de Heer Sabaoth na de voltooiing van de schepping van de wereld. En in deze rust, in deze profetische mijmeringen van de voorzienigheid, schuilt het vrijkopen van de wereld, de vleeswording van Gods Woord, de aanwezigheid van Immanuël, die reeds voor alle eeuwen rust in de schoot van de Vader, in de schoot van de Moeder Gods.

De ikoon is als volgt opgebouwd: het centrum wordt ingenomen door twee hemelse cirkels, en in de middelste cirkel of sfeer, 'hemel der hemelen', bevindt zich het basisidee van de schilder. Iets rechts van het midden is een soort bed afgebeeld, en op dit bed rust God de Vader, in een schitterend wit gewaad, als een grijsaard met een baard en met lange smetteloos witte haren. De houding van het lichaam en het hoofd getuigen van de diepe rust van de 'zevende dag', de rust na de zes werkdagen van de schepping van de wereld. De binnenste hemelse cirkel is geheel bedekt met cherubijnen die zweven om het bed, geschilderd met een transparant lichtgroen. De ruimte van deze sfeer is gevuld met de dynamiek van de vleugels van de cherubijnen en toch versterkt de overvloed van al die tintelende vleugels de uitdrukking van kalmte en slaap. God de Vader is echter niet weergegeven alsof Hij totaal is verzonken in een diepe slaap. Zijn hoofd is opgericht, zijn ogen zijn geopend en gericht op de Moeder Gods, die links van de binnenste hemelcirkel is afgebeeld. De Moeder Gods heeft haar handen opgeheven en draagt op haar borst de Heiland Immanuël, eveneens omringd door een hemelse sfeer. Boven het hoofd van de Moeder Gods is een vurige cherubijn te zien die met zijn vleugels de Heiland en de 'eeuwige Maagd' overschaduwt. Helemaal boven de binnenste hemelcirkel met de voorstelling van de Moeder Gods en de Heer Sabaoth is de heer der hemelse heerscharen, de aartsengel Michael, afgebeeld met een bol in zijn linkerhand.

De drie hemelse cirkels zijn geplaatst binnen een ster, die gevormd wordt door twee diagonaal op elkaar geplaatste vierkanten. Deze ster is het beeld van de glorie van de Vader, de bekroning van de Heer Sabaoth, de glorie die altijd het hoofd van God de Vader omstraalt. Helemaal bovenin de ikoon is de Heilige Drie-eenheid afgebeeld, geschilderd in een enkele transparante laag lichtgroen. De Drie-eenheid staat hier voor het grote beraad van de Heilige Drie-eenheid, bijeen voor de schepping van de wereld. Deze voorstelling van de Drie-eenheid heeft hier dus geen betrekking op de verschijning aan Abraham en Sara, maar betreft het overleg van de Drie Engelen van het grote beraad aangaande de schepping van de wereld en de reddende herschepping door het verlossende offer van Gods vleesgeworden Woord. Daaronder bevindt zich de troon die gereed is gemaakt voor het 'bloedeloze offer'. In de vier hoeken van de ster zijn in een cirkel de vier evangelisten geplaatst, die het heil verkondigen tot aan de vier uiteinden van het universum.

Moeder Gods Oumilenie,
1960, 52x38 cm, (Lyon)

XVIII
DE IKONEN VAN DE MOEDER GODS

De voorstelling van de eerste hypostase zien wij nooit helemaal helder en definitief afgebeeld op muurschilderingen in de kerken, op kruisen of op ikonen. We zien die voorstelling nooit op zichzelf, 'op eigen kracht', maar altijd in verband met andere personen van de Heilige Drie-eenheid of als een soort expressie van zijn genadevolle aanwezigheid in de Kerk en van zijn heilzame werking voor de wereld, bijvoorbeeld in de voorstelling van de zegenende Heer Sabaoth, die op vele ikonen te zien is.

De meest karakteristieke ikoon in dit genre is ontegenzeggelijk het miraculeuze beeld van de Moeder Gods (van het Teken) van Koersk, waar God de Vader Sabaoth vergezeld van de profeten de Moeder Gods zegent, samen met Immanuël, 'het Kind van voor alle tijden'.

Een vergelijkbare, net zo miraculeuze, ikoon uit onze tijd is de 'Moeder Gods in majesteit', of, zoals de naam oorspronkelijk luidt, de 'Moeder Gods Kolomenskoje'. Ook daar zegent God de Vader de Moeder Gods, die gezeten is op een troon met het Kind, de Verlosser in haar armen. De Moeder Gods is hier weergegeven als een koningin met haar Kind op de troon. Het bovenkleed van de Moeder Gods is helderrood, op haar hoofd heeft zij een kroon, in haar rechterhand houdt de koningin der hemelen een scepter en op haar linkerarm draagt zij het Kind, dat de keizerlijke globe zegent. De Heiland is gekleed in een wit gewaad en zegent met zijn rechterhand de keizerlijke globe, terwijl hij in zijn linkerhand een rol perkament vasthoudt. Op de achtergrond is de lucht te zien, een donkere, bijna zwarte onweerslucht. In het bovenste gedeelte van de ikoon, boven het hoofd van de Moeder Gods, wijken de wolken uiteen en vormen ze als het ware een kroon, een nachtblauwe hemel. In die eindeloze hemel is God de Vader Sabaoth weergegeven, de handen uitgestrekt in een zegenend gebaar. Het is dus niet alleen maar de rechterhand die het zegenende gebaar maakt, maar het zijn beide handen, zoals op de zogenaamde 'Vaderschapsikoon'. De zegenende God de Vader wordt op ikonen bijna altijd zo weergegeven, vergelijkbaar met de zegenende oudtestamentische aartsvaders, en zoals ook de bisschop in de eredienst de zegen brengt, want deze zegening is een uitdrukking van de genade van het 'Vaderschap', overeenkomstig de krachtige vaderlijke aard van de eerste hypostase.

Deze 'vaderlijke' zegening zien we dus ook op de miraculeuze ikoon van de moeder Gods van het Teken (Znamenie), die zijn oorsprong vindt in Koersk (Koerskaja). Deze ikoon van 'Het Teken van Koersk' is een originele ikoon. Hier richt zich het koor van profeten niet naar de Moeder Gods en het 'pre-eeuwige' Kind Immanuël, zoals dat gebruikelijk is in de profetenrij op de ikonostase, maar naar de God Sabaoth. En daar zien we dat God de Vader de zegen geeft, met de vingers van beide handen in dezelfde houding. De Heer Sabaoth zegent de Moeder Gods, die haar handen opheft in gebed, terwijl Immanuël en de profeten zich voor hem buigen. Zo trekt de iconografische inhoud van deze ikoon meteen de aandacht. De 'Moeder Gods van het Teken (Jes. 7:11, 14) die het Kind Immanuël in een hemelse cirkel voor de borst draagt wordt in de canonieke ikonostase in het midden van de profetenrij geplaatst, terwijl de met de beide handen zegenende God de Vader eigenlijk een incomplete voorstelling is van het 'Vaderschap', de ikoon die op de ikonostase gewoonlijk centraal geplaatst is in de rij van de voorouders, precies boven de ikoon van de Moeder Gods van het Teken. In dit geval zijn de profeten, die op de ikonostase gericht zijn naar de Moeder Gods, gericht naar God de Vader. Aan één kant, aan de rechterhand van God de Vader, staat koning David aan het begin van de profetenrij, aan de andere kant staat koning Salomo.

Moeder Gods van het Teken,
1960, 19 x 30 cm, Clamart

XIX
ORANTE

Onder de voorstellingen van de Moeder Gods is er een ikoon die bekend staat onder de benaming 'Orante' – 'biddende'. Het meest kenmerkende van deze ikonen zijn de biddend opgeheven handen van de Moeder Gods. De eerste ikonen van de Moeder Gods Orante zijn zeer oud, en komen reeds voor in de Romeinse catacomben. Waar de oorsprong ligt van de opgeheven biddende handen is moeilijk te zeggen. Dit biddende gebaar was ook al bekend bij de Joden en bij de heidense Romeinen. Mozes strekte zijn armen uit. Wanneer Jozua, de zoon van Nun gedurende de strijd zijn handen ophief, was zijn leger aan de winnende hand, maar wanneer hij ze liet zakken kreeg de vijand de overmacht. Over het algemeen doen de in gebed uitgestrekte handen een beroep op genade. Ook door heidenen werd dit heilige gebaar gemaakt, het was een 'sacramenteel' gebaar van de offerpriesters. Een biddende houding van de handen, die ook in de christelijke kerk gebruikelijk werd. Bij de eucharistie heft de priester voorafgaande aan de transsubstantiatie tot drie maal toe zijn handen ten hemel.

Het beeld van de Moeder Gods Orante is altijd aanwezig achter het hoogaltaar, in het bovenste gedeelte van de apsis. Vanwege deze positie van de afbeelding lijkt het wel alsof de Moeder Gods omhoog zweeft, in het hemelgewelf boven het sanctuarium. De opgeheven handen verbeelden het gebed van de Moeder Gods voor de Kerk en haar niet aflatende voorspraak voor het menselijk geslacht. In de voorstelling van de Moeder Gods in het gewelf van de apsis achter de altaarruimte wordt soms ook het

God-Kind Immanuël afgebeeld, maar ze wordt ook wel afgebeeld zonder hem. Wanneer je let op de gebruikelijke ordening van de kerkelijke muurschilderingen, valt de lijn op die het beeld van de Christus Pantocrator verbindt met de Moeder Gods. Het lijkt wel alsof de Moeder Gods in de apsis van het sanctuarium haar handen uitstrekt naar de Almachtige als middelares voor de wereld.

De ikoon van de Moeder Gods Orante bestaat dus ook met het Kind erbij. In dat geval heet de ikoon 'Moeder Gods van het Teken' (Znamenie). De Moeder Gods is hier afgebeeld met voor haar borst de afbeelding van Immanuël in een cirkel. Soms houdt zij dan ook een soort bol in haar handen met daarin de afbeelding van het goddelijke kind, maar meestal houdt ze die bol niet met haar handen vast, maar is die zwevend afgebeeld. De doorstraalde cirkels met Immanuël zijn als het ware gewichtloos en hebben geen volume, maar vormen een soort discus, die niet door de Moeder Gods wordt vastgehouden, maar die op zichzelf staat. Die discus bevindt zich dan ter hoogte van de borst van de Moeder Gods. Haar handen zijn biddend opgeheven, zoals gebruikelijk bij de 'Orante'-ikoon.

Dit is dus het bekendste type van de ikoon 'van het Teken'. De Moeder Gods wordt hier symbolisch weergegeven, terwijl zij het Kind in haar schoot draagt, zoals dat is voorzegd door de profeet Jesaja: "Zie, de jonkvrouw zal zwanger worden en een zoon baren en zij zal hem de naam Immanuël 'God-met-ons' geven." (Jes. 7:14) De Heiland is dan midden in de hemelsblauwe cirkel afgebeeld, in het blauw dat verwijst naar de hemelse sferen die de goddelijke Christus omgeven. Het goddelijke kind, gekleed in een stralend lichte tuniek, maakt met allebei zijn handen een zegenend gebaar, of soms zegent hij met één hand, en houdt hij in de andere hand een rol, waarin de zonden der mensheid zijn opgetekend. De ikoon 'van het Teken' is de meest complete en onwrikbare verbeelding van de incarnatie van God. Elke ikoon met de voorstelling van de Moeder Gods met het Kind is een bevestiging van het dogma van de menswording van God. Maar de ikoon van de 'Moeder Gods Orante van het Teken' is eigenlijk de meest onwrikbare bezegeling van het dogma van de incarnatie vanwege de iconografie, maar ook door de strikte abstractie van de voorstelling. Het is een 'symboolikoon', een 'ikoon-zegel'. Daarom is deze ikoon van het 'Orante-Teken' ook bijna altijd afgebeeld op de overwinningsbanier van de Kerk, op de dubbelzijdige ikoon, het kerkvaandel, aan weerszijden van de ikoon acheiropoita.

XX
ALLERHEILIGEN

De eerste zondag na Pinksteren is gewijd aan de gedachtenis van de Allerheiligen van de Kerk. Waarom heeft de Kerk juist deze dag gekozen om de Allerheiligen te gedenken? Omdat je dit feest ook zou kunnen beschouwen als de voltooiing van de herdenking van de Nederdaling van de Heilige Geest op de apostelen. Met Allerheiligen komt de betekenis van Pinksteren in het volle licht te staan, het ontstaan van de Kerk door de Heilige Geest. Het gaat hier om de uiteindelijke onthulling van Pinksteren. Het is de vervulling van de glorie. De Kerk van Christus wordt bekleed met het vuur van de Geest. En het gaat hier niet om een deel van de Kerk, maar om het geheel, in al zijn volheid, in al zijn oneindige diversiteit – de vervulling van de profetie van Joël: "Daarna zal het geschieden, dat Ik mijn Geest zal uitstorten op al wat leeft…" (Joël 2:28)

De traditie van de Kerk om Allerheiligen te vieren na het feest van de Drie-eenheid is te verklaren vanwege de onlosmakelijke semantische connectie met het feest van de Nederdaling van de Heilige Geest. Het Pinksterfeest kan niet los gezien worden van Allerheiligen, het feest dat erop volgt, en dat er als het ware de bekroning van is.

En het is onvoorstelbaar dat de Moeder Gods geen deel zou hebben aan het feest van Allerheiligen. Zij is immers het hoofd van de familie van de ontelbare heiligen, met inbegrip van de apostelen. En de voorstelling van de moeder Gods is juist volledig op zijn plaats op het feest waarop de hele Kerk wordt verheerlijkt. Juist op dit allesomvattende feest leeft er in de Kerk de behoefte om de ogen op te slaan naar de Moeder Gods. We geloven dat op dit feest de mensheid de meest pure versierselen van de Heilige Geest heeft ontvangen. Zo heeft de genade van de Heilige Geest die de mens heeft geheiligd de onoverbrugbare kloof gedicht, die was veroorzaakt door de zonde, de kloof, die het menselijk geslacht scheidde van de engelen. De diepe smart om die verloren verbondenheid vervulde de hele geschiedenis van de mensheid. De ontoegankelijkheid en de ongenaakbaarheid van de wereld van de engelen zijn voor de mens te vergelijken met een ongeneeslijke wond. Terwijl juist de engelenschare de mensheid een grenzeloze liefde toedraagt, en is vervuld van onuitputtelijke liefde en zorg voor het menselijk geslacht. Slechts door geheiligd te worden kan de mens naderen tot het koor der engelen, slechts door de volheid van het leven in de Heilige Geest. In die zin is het Pinksterfeest een helende belofte.

Het Pinksterfeest richt zich tot het menselijk geslacht, en de betekenis ervan is gelegen in de genezing van de oude wonden ten gevolge van de val van de mens, de scheiding met de wereld van de engelen. Door de genade van de Heilige Geest verbindt het Pinksterfeest het aardse met het hemelse.

XXI
DE STICHERON (HYMNE) VAN DE GOEDE HERDER

In het verloren schaap heeft de Kerk altijd de zondeval van de mens herkend. En in de goede herder heeft ze Christus herkend, het vleesgeworden Woord Gods, de Christus die ook de menselijke natuur heeft aangenomen. Zo heeft de herder zich ontfermd over het verloren schaap en het in zijn armen genomen, inniger dan de andere schapen, die niet waren verdwaald en verstrooid. Hij heeft het schaap weer bij de kudde gehaald, niet vanwege bijzondere verdiensten, maar alleen maar om het te kunnen redden. Bij welke kudde werd het schaap dan weer teruggebracht? De sticheron zegt: "Hij bracht haar terug bij de hemelse krachten"; anders gezegd: door de werking van Gods reddende voorzienigheid jegens het menselijk geslacht wordt de mens die zich van God had afgekeerd weer opgenomen in zijn genade. Maar ook de door de zonde verbroken band met de engelen wordt weer hersteld, het eeuwige verbond tussen het engelenkoor en het menselijk geslacht; en zonder dit verbond zou het leven van de toekomende Eeuw onvoorstelbaar zijn.

Het feit dat de mens zich heeft afgekeerd van de engelen is als een verwonding die de wereld diep heeft getroffen en de genezing daarvan kan alleen worden gevonden in Gods belofte: de belofte van de toekomende Eeuw.

En in dit vergankelijke leven, het leven dat nog niet ten volle is vervuld met de toekomstige glorie, worden wij gekweld door de smart om de scheiding van het koor der engelen. We moeten geloven dat er geen einde zal komen aan dat verdriet, want de mens kan niet onverschillig blijven onder de tweespalt, en hij zal ook niet kunnen vergeten dat hij is geroepen om te verblijven in de eeuwige nabijheid van de engelen. Er is in de smart om de scheiding voor het menselijk bestaan ook iets heilzaams, een verandering ten goede, een soort levensadem die sedert de zondeval de mens inspireert.

Maar wanneer die smart ophoudt, wanneer het menselijk bewustzijn zich eigenwijs begint te gedragen, zich afkeert van de wereld van de engelen, en volhardt in zijn zelfstandigheid, dan – en dit is onmiskenbaar - verliest de mens zijn waardigheid, schendt hij zichzelf, en is hij al half dood. Al het streven van de mens, al zijn activiteiten worden dan zinloos, onvolkomen en hopeloos. We moeten geloven dat de oorzaak van deze onvolkomenheid is gelegen in het feit dat de verdorven mens zich heeft afgekeerd van de wereld van de engelen, want Gods eeuwige onwrikbare plan met de mens was juist dat hij zou zijn verenigd met het koor der engelen, dat hij juist graag in de nabijheid van de engelen zou willen zijn, in plaats van zich af te keren van de wereld van de engelen, en zich af te zonderen ten gevolge van de zondeval. En dus niet vanwege een in aanleg aanwezig verschil in natuur, want hoewel er een verschil bestaat tussen de karaktereigenschappen van de mensen en van de engelen, betekent dat verschil in karakter niet dat er een soort scheidingsmuur zou bestaan tussen de mensen en de engelen.

AANHANGSEL

Kerken waar werk van monnik Grégoire te zien is.

- Eglise des Trois Saints Hiérarques, 5, rue Pétel 75015 Paris (fresco's) (Parijs ZW)
- Eglise de la Sainte Trinité, 16, rue Michel-Ange, 92170 Vanves (ikonostase) (Banlieu Parijs ZW)
- Eglise du Saint Esprit, 83, rue du Moulin-de-Pierre, 92140 Clamart (Maison de Berdiaev)
- Ermitage du Saint Esprit, 7, avenue des Bruyères, Bois de Fay, 78320 Le Mesnil – Saint-Denis('couronnement') (waar hij ligt begraven) (onder Versailles)
- Eglise Saint Séraphin de Sarov, Moulin de Senlis, 92230 Montgeron (ikonostase 1933 met Ouspensky) (ZZO van Parijs)
- Eglise de la Mère de Dieu Joie de Tous les Affligés, Maison de retraite, 26, avenue du Général-de-Gaulle, 92160 Noisy-le-Grand (mooie ikonostase)) van Parijs)
- Eglise de la Mère de Dieu de Kazan, Maison de retraite, 77125 Moisenay
- Eglise de la Mère de Dieu d'Iversk, Camp de colonie de vacances 'La Brasserie', rue Brasserie, Hauteville-sur-Mer, 50590 Montmartin-sur-Mer (Normandie)
- Eglise de Sainte Marie Madeleine, Sweelinckstraat 54, Den Haag (Holland) (>niet aanwezig)
- Eglise de Tous les Saint, Monastère de Saint Jean le Baptiste, Tolleshunt Knights by Maldon, Essex CM9 8EZ (Engeland)

- Monastère de Chevetogne
- Eglise de la Résurrection, Zürich
- Eglise grecque catholique Saint Irénée, Lyon

'Notities van een ikonenschilder' is een vertaling van dagboekfragmenten van de monnik Grégoire Krug. Uit het Russisch in het Frans vertaald door Jean-Claude Marcade en Valentine Marcade.

Uit het Frans vertaald en ingeleid door Henk Roos.

Henk Roos (1948) was na zijn studie aan de Koninklijke Academie van Beeldende Kunsten meer dan veertig jaar tekenleraar aan het Comenius College in Hilversum. Hij publiceerde veelvuldig in het bulletin Eikonikon, tijdschrift voor mensen die geïnteresseerd zijn in ikonen. In 2022 verscheen bij uitgeverij Aspekt zijn roman Krassen in de schors.

Dankwoord van de vertaler:

Mijn bijzondere dank gaat uit naar de volgende personen:

Maxim Hodak, uitgever, voor het in mij gestelde vertrouwen; Max Mendor voor de boekverzorging; Emilie van Taack (Parijs) voor het ruimhartig beschikbaar stellen van beeldmateriaal; Anja Figuere (Mesnil-Saint-Denis) voor het bezoek aan de Ermitage Saint Esprit; Monica Boers (iconenschool Moeder Gods van de tederheid) voor nuttig advies.

Uitgeverij Orthodox Logos

- *De Orthodoxe Kerk: Verleden en heden* – Jean Meyendorff
- *Biecht en communie* – Alexander Schmemann
- *Verliefd Zijn op het Leven* – Samensteller: Maxim Hodak
- *De Orthodoxe Kerk* – Aartspriester Sergei Hackel
- *De mensenrechten in het licht van het Evangelie* – Nicolas Lossky
- *Geboren in Haat Herboren in Liefde* – Klaus Kenneth
- *Hegoumena Thaissia van Leouchino: brieven aan een novice*
- *Het Jezusgebed* – Een monnik van de oosterse kerk
- *Gebedenboek Voor Kinderen: Volgens De Orthodox Christelijke Traditie*
- *Dagboek Van Keizerin Alexandra* – Keizerin Alexandra
- *Mijn ontmoeting met Archimandriet Sophrony* – Aartspriester Silouan Osseel
- *Stap voor stap veranderen* – Vader Meletios Webber
- *De Weg Naar Binnen* – Metropoliet Anthony (Bloom) Van Sourozh
- *Geraakt door God's liefde* – Klooster van de Levenschenkende Bron Chania
- *De Heilige Silouan de Athoniet* – Archimandrite Sophrony
- *The Beatitudes: A Pathway to Theosis* – Christopher J. Mertens
- *De Kracht van de Naam* – Metropoliet Kallistos van Diokleia
- *De Orthodoxe Weg* – Metropoliet Kallistos van Diokleia
- *Serafim van Sarov* – Irina Goraïnoff
- *Feesten van de Orthodoxe Kerk – een Leerzaam Kleurboek*
- *Catechetisch Woord over het Gebed van het Hart* – Aartspreiester Silouan Osseel
- *Naar de Eenheid?* – Leonide Ouspensky
- *Bidden Met Ikonen* – Jim Forest
- *Onze Gedachten Bepalen Ons Leven* – Vader Thaddeus Van Vitovnica
- *Alledaagse Heiligen En Andere Verhalen* – Archimandriet Tichon (Sjevkoenov)

- *Geestelijke Brieven* – Vader Jozef De Hesychast
- *Nihilisme* – Vader Serafim Rose
- *Gods Openbaring Aan Het Menselijk Hart* – Vader Serafim Rose
- *In De Kaukazus* – Monnik Merkurius
- *Terugkeer* – Archimandriet Nektarios Antonopoulos
- *Weest ook gij uitgebreid* – Archimandriet Zacharias (Zacharou)
- *Orthodoxie en de religie van de toekomst* – Vader Serafim Rose
- *Grégoire Krug – Notities van een Ikonenschilder*

- *Our Orthodox Holy Family* – Deacon David Lochbihler, J.D.
- *Prayers to Our Lady East and West* – Deacon David Lochbihler, J.D.
- *The Joy of Orthodoxy* – Deacon David Lochbihler, J.D.
- *The Inner Cohesion between the Bible and the Fathers in Byzantine Tradition* – S.M. Roye
- *St. Germanus of Auxerre* – Howard Huws
- *Elder Anthimos Of Saint Anne's* – Dr. Charalambos M. Bousias
- *Orthodox Preaching as the Oral Icon of Christ* – James Kenneth Hamrick
- *The Final Kingdom* – Pyotr Volkov
- *From Manhattan to the Holy Mountain of Athos* by Thodoris Spiliotis

UITGEVERIJ ORTHODOX LOGOS
www.orthodoxlogos.com

www.ingramcontent.com/pod-product-compliance
Lightning Source LLC
Chambersburg PA
CBHW040632100526
44585CB00030B/131